AF553520

प्रतिज्ञा

प्रतिज्ञा

रमेश पोखरियाल 'निशंक'

प्रभात प्रकाशन, दिल्ली
ISO 9001:2015 प्रकाशक

प्रकाशक • **प्रभात प्रकाशन**
4/19 आसफ अली रोड,
नई दिल्ली–110002

संस्करण • 2019
मूल्य • तीन सौ रुपए
मुद्रक • नरुला प्रिंटर्स, दिल्ली

PRATIGYA *by* Ramesh Pokhariyal 'Nishank' ₹ 300.00
Published by Prabhat Prakashan, 4/19 Asaf Ali Road, New Delhi-2
e-mail: prabhatbooks@gmail.com ISBN 978-81-7315-934-3

निवेदन

मेरे भीतर की छटपटाहट ही मेरा साहित्य है। मेरा देखा, महसूस किया और भोगा यथार्थ वेदना-संवेदना, अनुभूति और अनुभवों से अनुप्राणित। कभी जीवन-मूल्यों की धड़कन बनकर, तो कभी आम आदमी की आवाज बनकर मैं इन्हें सीधे-सरल शब्दों में अपने पाठकों तक पहुँचाने की कोशिश करता रहा हूँ।

मेरी सारी कहानियाँ, कविताएँ और उपन्यास इन्हीं सामाजिक मूल्यों और लोकजीवन की संवेदनाओं से उपजे हैं। या यूँ कहूँ—ये जीवंत दस्तावेज हैं मेरी अब तक की जीवन-यात्रा के। हालाँकि अपनी रचनाओं में मैंने देवभूमि उत्तराखंड की समृद्ध संस्कृति व गौरवशाली गाथाओं समेत यहाँ की पौराणिक, धार्मिक, सामाजिक परिवेश व परंपराओं से भी पाठकों को अवगत कराने की कोशिश की है। दिल की गहराइयों में हिलोरें लेती देशप्रेम की भावनाओं को भी अभिव्यक्ति दी है। लेकिन साहित्य सृजन एक तरह से मेरा जुनून है।

मैंने पौराणिक मिथकों को तोड़कर आम जन-जीवन को नायकत्व प्रदान किया है। मेरे सारे कथानक यथार्थ घटनाओं पर आधारित हैं। जीवन में हर किसी को कोई न कोई पात्र, कोई न कोई कथानक जरूर मिलते हैं, लेकिन उनको समझने और महसूस करने की दृष्टि चाहिए, संवेदना

चाहिए और छटपटाहट चाहिए। लोग कहते हैं कि इतनी राजनीतिक व्यस्तताओं में भी आप साहित्य सृजन के लिए समय कैसे निकाल लेते हैं? कैसे अपने कथानक और पात्र चुन लेते हैं? मैं कहता हूँ, मुझे इसके लिए सोचने–विचारने या माथापच्ची करने की जरूरत ही नहीं पड़ती। मैं तो हर दिन सैकड़ों–हजारों लोगों से मिलता हूँ। मुझे इन्हीं के बीच हर दिन नई कहानी, नई कविता या नया उपन्यास स्वत: मिल जाते हैं जिन्हें मैं अपनी नींद को तीन–चार घंटे ही सीमित कर लिपिबद्ध कर लेता हूँ।

मेरी अधिकतर कोशिश जड़ों से कटते, भटकते, संवेदनहीन होते लोगों को झकझोरने की रहती है; सामाजिक विसंगतियों से लड़ने की रहती है। उन माँ–बहनों और भाइयों को नायकत्व प्रदान करने की रहती है, जो बीहड़ हालातों से भी लोहा लेकर स्वयं मिट जाते हैं, मगर समाज और पीढ़ी को नई दिशा, नया जीवन दे जाते हैं। मेरा यह उपन्यास 'प्रतिज्ञा' भी ऐसे ही नायकों को समर्पित है। मुझे उम्मीद है, मेरी अन्य कृतियों की भाँति यह कृति भी आपको जरूर पसंद आएगी। इसी कामना के साथ आप सब को मेरा विनम्र अभिवादन।

—रमेश पोखरियाल 'निशंक'

37/1 विजय कॉलोनी
रवींद्रनाथ टैगोर मार्ग
देहरादून–248001
देवभूमि उत्तराखंड

एक

मदनपुर की रौनक को आज न जाने किसकी नजर लग गई। खूबसूरत पहाड़ियों के बीच कटोरेनुमा घाटी में बसे इस मनमोहक गाँव में अन्य दिनों में देर रात तक खूब चहल-पहल रहती, लेकिन आज सूरज भी नहीं डूबा, पर पूरा गाँव अमावस की घुप अँधेरी रात की तरह मरघटी सन्नाटे में डूब गया। चारों ओर एक अजीब सी बेचैनी भरी दम-घोंटू खामोशी।

किसी बहुत बड़ी अनहोनी का आभास देती इस खामोशी को बीच-बीच में कलेजा चीर जाती एक चीख तोड़ती और फिर वही सन्नाटा पसर जाता। यह मर्मांतक चीख थी वीरू की माँ भागुली देवी की।

वह 'अभागन' चीख-चीखकर अपने 'भाग' को कोस रही थी। अच्छी तरह होश भी नहीं सँभाला था कि माँ-बाप चल बसे। शादी हुई तो गोद में दुधमुँहा बच्चा छोड़कर पति भी चल दिया। बच्चे का मुँह देख मन कड़ा किया उसी को अपने जीने का सहारा समझ किसी तरह कमर कसी। उसकी मेहनत सफल हुई। सोचा, चलो, अब बुढ़ापा ही सुधर जाए पर भाग्य को वह भी मंजूर नहीं रहा। दिन का चैन, रात की नींद खोकर जिसके लिए पूरी जवानी होम कर दी, आज वह भी

रोता-बिलखता छोड़ गया था। बीच-बीच में यही टीस जोर मारती तो वह चीख उठती-

'बेटा, तूने भी पिता की ही राह पकड़ ली। पहले तो वह बेसहारा कर गए और अब इस बुढ़ापे में तू भी कमर तोड़ गया।'

उसका यह करुण क्रंदन सबको अंदर तक हिला जाता। लोग कहते, 'आज ये दिन भी देखना था इस अभागन को। पता नहीं कैसी किस्मत लेकर पैदा हुई है।'

जिंदगी के नब्बे बसंत पार कर चुकी भागीरथी काकी दंतविहीन पोपले मुँह को सिकोड़ते हुए बोली, 'अरे' इसका 'भाग' तो पैदाइशी 'गुल' है। न माँ-बाप का सुख भोग पाई, न पति का और अब इकलौता बेटा भी नहीं रहा। शायद नाम रखनेवाले ने भी इसीलिए नाम धरा होगा भागुली।'

आज इस अभागन के बेटे वीरू को हत्यारों ने दिन-दहाड़े दुकान से बाहर खींचकर चाकुओं से गोद दिया। आसपास तमाम लोगों की उपस्थिति के बावजूद कोई उसे बचाने नहीं आया। हत्यारों के दुःसाहस से भयभीत हो सभी मूकदर्शक बने खड़े रहे। और, तो और, खून से लथपथ पड़े वीरू को किसी ने हिला-डुलाकर यह देखने की भी कोशिश नहीं की कि वह जिंदा है या मर गया।

हत्यारे इत्मीनान से जीप में बैठे और फरार हो गए। यही नहीं, जाते-जाते वे वीरू का साथ देनेवालों का भी यही हश्र कर डालने की धमकी भी दे गए।

लोग चुपचाप हैवानियत का यह नंगा नाच देखते रहे, पर मजाल है कि एक भी बोल पाता। और तो और, हत्यारों के मौके से चले जाने के बाद भी लोगों को जैसे साँप सूँघ गया हो। कायरता और संवेदनहीनता

की हद ये कि जब तक पटवारी-पुलिस नहीं आ गई, शव वहीं चौराहे पर लावारिस पड़ा रहा।

लगा जैसे वीरू का बहा खून ही नहीं, लोगों की रगों में दौड़ता लहू भी जम गया हो। खेतों में गई उसकी माँ और पत्नी को जब तक ये खबर मिली तब तक पुलिस लाश को अपने कब्जे में लेकर जा चुकी थी।

आखिर ऐसा क्या कसूर किया था वीरू ने कि उसे इस तरह उसकी कीमत अपनी जान देकर चुकानी पड़ी? वह तो सच्चाई, मेहनत और ईमानदारी की राह पर चलकर गाँव के और लोगों को भी यही पाठ पढ़ा रहा था। अपने खून-पसीने की गाढ़ी कमाई शराब में फूँकने के बजाय घर की हालत सुधारने और बच्चों को शिक्षित-संस्कारित करने में लगाने की पहल कर रहा था। पर कुछ समाज विरोधी तत्त्वों को यही नागवार गुजरा और वह उनकी आँखों की किरकिरी बन गया।

वीर सिंह उर्फ वीरू के सिर से बचपन में ही पिता का साया उठ गया तो माँ भागुली देवी ने ही उसे बड़ी जतन और जीवटता से पाला। खुद निरक्षर होते हुए भी उसने उसे न सिर्फ पढ़ाया-लिखाया बल्कि अनुशासन व संस्कारों की सीख में भी कोई कसर नहीं छोड़ी। यह माँ के संस्कारों की छत्रच्छाया का ही प्रताप था कि पिता के अनुशासन का अभाव होने पर भी व्यसनों और खुराफातों की छाया उसे छू तक न सकी थी।

शहर जाकर भी न उसे वहाँ की हवा लगी और न ही वह वहाँ की चकाचौंध में खोया; बल्कि वहाँ जाकर उसे गाँव-शहर की इस बड़ी खाई ने और विचलित कर दिया। वह पढ़ाई के साथ ही गाँव और गाँववालों की हालत सुधारने के लिए भी बेचैन रहता। यही कारण था

कि पढ़ाई-लिखाई के बाद वह अन्य लड़कों की तरह हमेशा के लिए गाँव छोड़ जाने के बजाय शहर छोड़कर गाँव लौट आया। ऐसा कर वह गाँव के उन युवाओं की धारणा बदलना चाहता था, जो पढ़ाई पूरी करने के बाद सरकारी नौकरी पाना ही अपना एकमात्र ध्येय बना लेते हैं। वह दिखाना चाहता था कि हम मेहनत-मशक्कत कर स्वरोजगार से भी अपने पाँवों पर खड़े हो सकते हैं और गाँवों में खुशहाली ला सकते हैं।

बी.ए. अंतिम वर्ष की परीक्षा देकर वीरू गाँव चला आया हमेशा के लिए। किंतु अभी वह किसी से कुछ नहीं कहना चाहता था। गाँव के सभी लोग स्वीकार करते थे कि वीरू होनहार युवक है, अच्छे नंबरों से पास होगा और फिर चला जाएगा शहर के किसी ऑफिस की शोभा बनने। तत्पश्चात् वही घिसी-पिटी जिंदगी जो अक्सर गाँव के हर नवयुवक की होती। जब तक माँ-बाप जिंदा हैं, स्वस्थ हैं, तब छुट्टियों में उन्हें देखने आते रहना और यह क्रम तब टूटता, जब या तो वे स्वर्ग सिधार जाते अथवा इतने अशक्त हो जाते कि अकेले न रह पाते और बच्चे उन्हें अपने साथ शहर के दमघोंटू माहौल में ले जाते—हमेशा के लिए। इसके बाद तो गाँव आने का छुट्टियों में भी समय न मिलता।

'बेटा, रिजल्ट कब आ रहा है?'

'एक-डेढ़ महीने में आ जाएगा, चाचाजी।'

आँगन में बैठे बुजुर्गों में से भैरव चाचा ने पूछा तो वीरू वहीं पर रुक गया।

'तो अब एक-डेढ़ महीने के ही मेहमान हो बेटा, गाँव में! लेकिन शहर जाकर माँ का ध्यान रखना। बहुत दुःख झेले हैं बेचारी ने।'

जीतराम काका माँ के प्रति उसकी जिम्मेदारी की याद दिलाना न भूले।

'मैं कहीं नहीं जाऊँगा चाचाजी! यहीं रहूँगा, इसी गाँव में आप लोगों के पास।'

'यहाँ! पढ़-लिखकर यहाँ करोगे क्या, बेटा?' भैरव चाचा व्यंग्य से मुस्कराए।

जानते थे कि जिसने भी दसवीं या उससे आगे पढ़ाई की, वो गाँव में नहीं रुका और रुकता भी क्यों? करने को था क्या गाँव में? न कोई रोजगार, न उद्योग-धंधा। हाँ, कुछ प्राइमरी और हाई स्कूल जरूर थे, जिनमें अध्यापन कार्य किया जा सकता था।

लेकिन जिसने एक बार शहर देख लिया, वो गाँव में एक दिन के लिए भी रुकना पसंद न करता। कारण कुछ तो विषम परिस्थितियाँ और कुछ इच्छाशक्ति की कमी।

इसीलिए वीरू ने जो कुछ कहा, उस पर किसी को भी विश्वास न हुआ। वीरू प्रतिभाशाली था, सदा अच्छे अंकों से पास होता आया था, इसलिए सभी को पूरा विश्वास था कि जल्दी ही वह कोई सरकारी नौकरी प्राप्त कर लेगा। उसके बाद तो माँ भी शहर में बेटे के साथ ही रहने चली जाएगी। मदनपुर गाँव वीरू के रूप में एक और घर के वीरान होने की प्रतीक्षा कर रहा था।

कोई नहीं जानता था कि वीरू मन-ही-मन कुछ और सोच चुका है। इसीलिए जब परीक्षाफल आने के कुछ दिनों बाद ही वीरू ने मोटर मार्ग के किनारे एक छोटी सी परचून की दुकान खोल ली तो सब लोगों की अलग-अलग त्वरित प्रतिक्रिया थी।

बेटे को सरकारी साहब बनाने का सपना पाले भागुली को भी यह सब अच्छा न लगा। फिर भी, उसने इस बात से संतोष कर लिया कि

बाकी लोगों के बच्चों की तरह उसका बेटा उसे अकेला छोड़कर शहर नहीं गया। बेटे के सामीप्य ने उसके इस गम को आधा कर दिया; किंतु जब गाँववाले ही व्यंग्यात्मक लहजे में उससे वीरू के बारे में कहते तो भागुली देवी को बुरा लगता।

'दीदी' वीरू को यह क्या सूझी? अगर दुकान ही करनी थी तो शहर में पढ़ाई कर इतना पैसा बरबाद करने की क्या जरूरत थी? दुकान तो कोई अनपढ़ भी चला लेता।' अभी परसों ही तो पंदेरे पर सबके सामने देवरानी सुमति ने कहा तो उसकी बात सुनकर बाकी महिलाएँ भी मुँह बनाने लगी थीं।

भागुली को गुस्सा तो बहुत आया, मन किया, कोई चुभता-सा जवाब देकर इनका मुँह बंद कर दे। गाँव के कई युवक दिन-दहाड़े नशा कर आवारा घूमते रहते हैं, तब तो उन्हें कोई कुछ नहीं कहता। जब उसका वीरू मेहनत की दो रोटी कमा रहा है तो इनके पेट में दर्द हो रहा है। मन मसोसकर भागुली ने इस समय चुप रहना ही ठीक समझा।

ऐसे ही कई लोग वीरू के पास जाकर भी कुछ-न-कुछ कह देते। फिर भी, वीरू पर इन बातों का कोई असर न होता था। सौम्य स्वभाव का वीरू आलोचकों व टीका-टिप्पणी करनेवालों का मुँह अपनी मुसकान से बंद कर देता।

वैसे तो गाँव में राशन-पानी की दो-एक दुकानें पहले से भी थीं, लेकिन सीधे-सादे ग्रामीणों को सप्लायर चतुराई से डुप्लीकेट सामान पकड़ा देते। आकार, रंग, पैकिंग इत्यादि में हू-ब-हू असली लगनेवाला यह सामान वस्तुतः नकली होता। पढ़े-लिखे वीर सिंह ने पहले-पहल उन्हें ये बात बताई तो वे इस धोखाधड़ी से भौंचक रह गये। जो लोग

शुरू-शुरू में उसके शहर से पढ़कर आने के बाद गाँव में दुकान खोलने की बात पर मजाक बनाते थे, वही अब उसकी तारीफ करते न अघाते।

'ये फायदा होता है पढ़े-लिखे दुकानदारों का। अब तो हमारा सामान भी तू ही लाया कर।'

गाँव के ही एक दुकानदार दीनू काका ने यह बात कही, तो बाकी लोगों ने भी उनकी हाँ में हाँ मिलाई। अपनी इस मुहिम से वीरू ने डुप्लीकेट सामान सप्लाई करनेवालों का धंधा तो बंद कर ही दिया था, लेकिन नुकसान होने से तिलमिलाए इन लोगों को अपना दुश्मन भी बना लिया था।

दुकान से थोड़ी आमदनी होनी शुरू हुई तो उसका ध्यान अपनी 15-20 नाली जमीन पर गया। अभी तक उसकी माँ उस पर गाँव में आमतौर पर होनेवाली पारंपरिक फसलों की ही खेती करती। उसकी माँ ही क्या, गाँव के सभी लोग गेहूँ, कोदा, झंगोरा, उड़द, गहथ, भट्ट आदि की ही खेती करते। उनके लिए यही खेती थी। इसके इतर उन्होंने कभी सोचा ही नहीं था। वीरू ने जब पहली बार उसमें बेमौसमी सब्जियाँ, अदरक, प्याज आदि लगाने की सोची तो गाँववालों ने उसका बड़ा मजाक बनाया।

'बेटा, सब्जियाँ हवा में नहीं उगतीं। ये पानी माँगती हैं। कहाँ से लाओगे पानी?' एक बुजुर्ग ने खिंचाई की तो वीरू सोच में पड़ गया।

'अरे बेटा, इतने वर्षों से इस जमीन पर मेहनत कर रहे हैं हम। जानते हैं कि इसके अलावा कुछ नहीं हो पाएगा इस मिट्टी में।' दूसरे बुजुर्ग ने अपने अनुभव वीरू को सुना डाले।

प्रयत्न करने में तो कोई बुराई नहीं। यदि सफल हो गया तो औरों

को भी रास्ता मिलेगा और असफल हुआ तो कुछ और सोचेगा।

वीरू इन बातों से हतोत्साहित न हो अपने काम में पूरे मनोयोग से जुट गया।

'गाँव से थोड़ी दूर पर पानी की एक प्राकृतिक धारा थी। उसका पानी दिन-रात बहता रहता और यूँ ही बरबाद चला जाता। बहुत हुआ तो गाँववाले यहाँ से पानी भर लिया करते और कपड़े-बरतन धो लेते।

धुन के पक्के वीरू ने इस बहते पानी को सहेजकर अपने खेतों तक गूल बना डाली। अब पानी बेकार न बहकर उसके खेतों की ओर मुड़ गया।

लेकिन समस्याओं का यहीं अंत न था। छोटे-छोटे सीढ़ीनुमा खेत और उस पर भी एक टुकड़ा इस कोने पर तो दूसरा उस कोने पर।

'ये सब एक ही जगह पर होते तो काम करना कितना आसान होता।' उसने सोचा और साथ ही एक विचार मन में बिजली की तरह कौंध गया-'चकबंदी व्यवस्था!'

हाँ, यही तो पढ़ा था उसने किताबों में। अगर गाँववालों से बात की जाए और स्वैच्छिक चकबंदी अपनाई जाए तो कितना अच्छा होगा।

बात मन में आई और उसने उस पर अमल भी शुरू कर दिया। गाँव के बड़े-बूढ़ों की सलाह भी ली।

उसमें मेहनत करनी पड़ती, इसलिए युवाओं को इसमें कोई रुचि नहीं थी। उनके लिए उस जमीन की कोई कीमत न थी।

गाँव की महिलाएँ, जिन्होंने घर-परिवार के साथ-साथ खेती की जिम्मेदारी भी अपने सिर पर ली थी, इस सुझाव से बड़ी खुश थीं। यदि ऐसा संभव हो जाए तो एक खेत से दूसरे खेत जाने में लगनेवाला उनका समय भी बच जाए।

बुजुर्गों के थोड़े-बहुत विरोध के बाद वीरू की बात आखिरकार मान ली गई तो उसे अपने सपने पूरे करने का एक मौका और मिल गया।

वीरू की लगन और कड़ी मेहनत रंग लाई। सबकी आशंकाओं को निर्मूल साबित करती अबकी पूरे साल हर मौसम में उसकी सब्जियों की फसल लहलहाती रही तो गाँववालों ने दाँतों तले उँगली दबा ली। वीरू ने भी अपनी यह पहली फसल एक-एक करके सारे गाँव में बाँट दी।

उसकी सफलता से प्रभावित हो गाँव के अन्य लोगों ने भी इस दिशा में सोचना शुरू किया और धीरे-धीरे एक समय ऐसा आया जब मदनपुर आस-पास के क्षेत्र और शहर के लिए सब्जी उत्पादन का बड़ा केंद्र बन गया।

अपनी मेहनत और लगन से वीरू ने अपनी आर्थिक स्थिति तो अच्छी की ही, साथ ही गाँव के अन्य परिवारों के लिए भी आर्थिकी का एक नया रास्ता खोल दिया।

गाँव के वे युवा, जो आरंभ में वीरू के पढ़-लिखकर गाँव वापस आने का मजाक बनाते थे, अब उनकी भी सोच बदल रही थी।

'तू सब्जी के बीज कहाँ से लेकर आता है? मैं सोच रहा हूँ कि इस बार मैं भी यही लगाऊँ।'

सुनील ने दिल की बात सकुचाते हुए वीरू से कही तो वह मन-ही-मन बड़ा खुश हुआ। उसकी वास्तविक सफलता तो यही थी।

ये वो ही सुनील था, जो दिल्ली की एक फैक्टरी में काम कर रहा था। छुट्टी में घर आया तो वीरू को दुकान में बैठे देखकर वह उसका मजाक उड़ाने लगा।

'पढ़-लिखकर तुझे परचून की दुकान ही करनी थी तो काकी का पैसा बरबाद क्यों किया? ये तो तू पाँचवीं पास करके भी कर सकता था।'

उसकी इस बात पर सुनील के साथ-साथ वहाँ खड़े तीन-चार तथाकथित नौकरीपेशा लोगों ने भी एक ठहाका लगाया। इसी ठहाके का जवाब आज उनके सामने था। सुनील जब भी गाँव आता, वीरू को कुछ नया करते पाता। अपनी जिंदगी से उसकी तुलना करता। कहाँ वह एक के बाद एक नौकरी बदलता दिल्ली की बदबूदार गलियों में एक छोटे से कमरे में रहता और कहाँ वीरू। आज वही परचून की दुकान चलानेवाला वीरू गाँव के साथ-साथ पूरे इलाके की प्रेरणा बना हुआ है।

क्यों न वह भी एक नई शुरुआत करे? कई बार वीरू से पूछना चाहा, लेकिन अंदर-ही-अंदर झिझक महसूस हुई।

अंततः हिम्मत करके पूछ ही लिया। वीरू की यही जीत थी और यही सफलता भी। गाँव के युवाओं में आज भी यह स्पष्ट धारणा है कि गाँवों में कुछ नहीं हो सकता। यहाँ पर आजीविका के कुछ भी साधन उपलब्ध नहीं हैं। मैदानी गाँवों की तरह बड़े-बड़े खेत भी नहीं, जिन पर खेती के लिए निर्भर हुआ जा सके। इसी सोच के चलते गाँव से हाई स्कूल, इंटर की पढ़ाई के बाद युवा या तो रोजगार की तलाश में बड़े शहरों व महानगरों की ओर पलायन कर जाते या आगे की पढ़ाई हेतु शहर जाते तो लौटकर न आते। यह सिर्फ एक मदनपुर का किस्सा नहीं बल्कि पहाड़ के लगभग सभी गाँवों की हकीकत है।

इसी धारणा के चलते पहाड़ के गाँव खाली होते चले गए हैं।

बुजुर्ग लोग भी जब तक हाथ-पैर चलते हैं, गाँव में रहते हैं। जब स्वास्थ्य जवाब दे जाता है तो मजबूरी में बच्चों के साथ शहर की राह चल देते हैं। लेकिन वीरू को ऐसे लोगों से सख्त नफरत थी, जो कहते थे कि गाँव में रहकर कुछ नहीं किया जा सकता। पढ़ लिख कर पलायन कर रही नई पीढ़ी को उसने सबक सिखाने का काम किया था।

उसे यकीन था कि उसकी सफलता से उसके साथ लोग भी अवश्य जुड़ेंगे और गाँवों की महत्ता समझेंगे। अपने इस प्रयास में वह सफल होता दीख भी रहा था।

□

दो

'मैं तो पहले ही कहती थी बेटा, मत ले इन लोगों से दुश्मनी; पर तूने एक नहीं सुनी। तुझ पर तो गाँव सुधारने का भूत सवार था न। अब सुधर गया तेरा गाँव! छोड़ गया तू हमें अकेला।'

वीरू की माँ की करुण पुकार रह-रहकर रात के सन्नाटे को चीर जाती। अपने जिगर के टुकड़े को याद कर उसके आँसू न थमते। उधर वीरू की पत्नी सुनीता पाषाण मूर्ति की भाँति जड़वत् कमरे के एक कोने में बैठी थी। एकदम खामोश! रो-रोकर उसके आँसू सूख चुके थे। दोनों अबोध बच्चे सोनू और पिंकी भी रो-रोकर वहीं फर्श पर ही सो गए थे।

जैसे-जैसे शाम का धुँधलका गहराने लगा वैसे-वैसे वीरू के घर जमा भीड़ भी छँटने लगी। गाँव के कुछ बुजुर्गवार ही अब शोक-संतप्त परिवार के पास बैठे रह गए।

'कितनी बार समझाया मैंने इस लड़के को कि मत लग इन लोगों के मुँह। ये बहुत खतरनाक लोग हैं। किसी की जान की कोई कीमत नहीं समझते। तू अपने काम में लगा रह, घर-परिवार देख। पर उस पर भूत सवार था समाज को बदलने का, गाँव को आदर्श गाँव बनाने का।' कहते-कहते गला भर आया थेपड़ चाचा का।

पास ही बैठी अवाक्-सी सुरेशी काकी ने हलके से सिर हिलाते हुए अपनी मूक सहमति जताई तो काका और बोल पड़े,

'अब क्या करना? छोड़ गया न सबको रोते-बिलखते!'

'अब तो गाँववालों के मन में भी डर समा गया है। पहले तो वे डराने-धमकाने और छोटी-मोटी मार-पीट तक ही सीमित थे, लेकिन अब तो जान भी लेने लगे हैं। ऐसे में कौन करेगा उनकी खिलाफत? आखिर अपनी जान तो सभी को प्यारी है।' घटना से सहमी सोमा ताई ने तो अपने दिल की बात खुलकर सामने रख दी।

उनकी घबराहट स्वाभाविक थी। उनका छोटा बेटा सोनू वीरू का पक्का दोस्त था। सोमा को डर था कि कहीं वह भड़ककर इन हत्यारों से उलझ न बैठे, इसलिए जल्दी घर जाकर समझाने की उतावली थी उसे। उसका मन हो रहा था कि बस जल्दी से घर पहुँच जाए और सोनू के कान उमेठकर कहे कि बस, अब बहुत हो चुका। अब तू चुपचाप मन लगाकर अपने बाल-बच्चे पाल और इन फालतू के पचड़ों में पड़ना बंद कर। उनकी यह घबराहट अब उनके चेहरे पर भी साफ नजर आ रही थी।

'आज की रात कुछ ज्यादा ही लंबी है।' बेचैन सुनीता ने गहरी साँस ली। फिर दूर कहीं शून्य में निहारते हुए मानो कह रही हो—इस लंबी काली रात की फिर भी कोई उजली सुबह तो होगी ही, पर उसके जीवन में छाई इस स्याह रात की तो अब कोई सुबह ही नहीं। उसके जीवन की रोशनी को तो सदा के लिए ग्रहण लग गया है। उसने फिर धीरे से पलकें मूँद लीं। आँसुओं की धार दोनों गालों पर ढुलक आई।

अगले दिन पोस्टमार्टम के बाद ही वीरू का शव अंतिम संस्कार हेतु उपलब्ध हो पाया। भीड़ में जितने लोग उतनी बातें। कुछ लोग वीरू

की हत्या को नियति का क्रूर मजाक बता रहे थे तो कुछ उसकी जिद को इसका कारण मान रहे थे।

'अपना काम कर रहा था, करता रहता। क्या जरूरत थी उसे ऐसे लोगों से दुश्मनी लेने की?' अधिकांश लोगों की यही राय थी वीरू के बारे में।

कुछ दिनों तक सांत्वना देने हेतु लोगों की आवाजाही लगी रही। धीरे-धीरे लोगों का आना-जाना बंद हो गया तो भागुली देवी और सुनीता दोनों ने चैन की साँस ली। वरना हर आनेवाला व्यक्ति उनके जख्म कुरेद जाता और न चाहते हुए भी वीरू की हत्या का अनदेखा दृश्य उनकी आँखों के आगे घूम जाता। वीरू की माँ को लगता जैसे किसी ने उनकी अंतड़ियाँ चाकू से बाहर निकाल दी हों।

गाँव में दिन-दहाड़े हत्या हुई थी तो पुलिस के भी हाथ-पाँव फूलने स्वाभाविक थे। वह तुरंत हरकत में आ गई और गाँव भर में पूछताछ शुरू कर दी गई। हत्या किसने की और किसके इशारे पर की गई, यह गाँववाले ही नहीं, पुलिसवाले भी जानते थे। पर वे भी कहते नजर आते कि उन्हें सबूत चाहिए, चश्मदीद गवाह चाहिए, तभी कोई कार्रवाई हो पाएगी। लेकिन गाँववालों को जैसे साँप सूँघ गया हो। एक भी ऐसा माई का लाल न मिला, जो कह दे कि हाँ, उसने देखा वीरू को मारते हुए। चश्मदीद गवाह तो दूर, किसी के मुँह से यह बोल तक नहीं फूटा कि उन्होंने यहाँ किसी को देखा।

'हम कुछ नहीं जानते। हमने कुछ नहीं देखा, बस यही दो वाक्य सबकी जुबान पर थे।

लोगों को डर था कि जो कुछ वीरू के साथ हुआ, वही कल उनके और उनके बच्चों के साथ भी हो सकता है। सो इस पचड़े में

चुप्पी भली। हत्यारों से मिलकर लड़ने के बजाय अनहोनी की आशंका का यह डर मुर्दादिली ही नहीं, संवेदनहीनता की पराकाष्ठा थी। सुनीता और भागुली देवी यह सब देख हतप्रभ थे। कायरों की इस फौज से वे अब न्याय दिलवाने की क्या उम्मीद रखते।

हफ्ते भर की मशक्कत के बाद भी जब पुलिस को कोई गवाह न मिला तो उसने 'केस फाइल' बंद कर दी। सुनीता बहुत छटपटाई, लेकिन उसे सुनने-समझनेवाला कोई न था। उस बेचारी की लाख कोशिशें भी वीरू को न्याय नहीं दिला सकीं। शूल की तरह उसके सीने में गड़ गई यह बात।

पहाड़ की अर्थव्यवस्था को मनीऑर्डर अर्थव्यवस्था कहा जाता है। यहाँ हर परिवार से एक आदमी फौज में है, जिससे मिलिट्री कैंटीन में सस्ती मिलनेवाली रम गाँव के बुजुर्गों व अन्य लोगों को आसानी से उपलब्ध हो जाती है। कुछ तो पहाड़ी क्षेत्र की ठंडी आबोहवा और कुछ शराब की सहज उपलब्धता ने लोगों को इसका शौकीन ही नहीं, अमलची बना दिया है। गाँववालों की इसी बुरी लत ने शराब माफिया के लिए उदारता से यहीं नहीं, पूरे पहाड़ में द्वार खोल दिए हैं। गाँव-गाँव भेजी जा रही इसी अवैध शराब के खिलाफ वीरू ने मुहिम आरंभ की थी।

शराब व्यापारियों द्वारा बड़ी चतुराई से गाँव और कस्बे के कुछ लोगों को लालच देकर शराब की आपूर्ति की जाती। नौकरी-चाकरी और व्यवसाय की अनुपलब्धता के कारण अपने ही बीच के कुछ लोग उनकी शराब के डीलर बन बैठे थे तो कुछ नवयुवक भी तुरंत पैसा कमाने के फेर में पड़कर नशे का कारोबार कर रहे थे। यह धीमा जहर धीरे-धीरे शौक और अंततः लत बनकर नौजवानों व

बड़े-बूढ़ों की हलक में उतर रहा था।

इससे एक ओर गाँव का माहौल खराब हो रहा था तो दूसरी ओर युवा पीढ़ी नशे की आदी होने लगी थी। शराब का यह कारोबार वीरू के आदर्श गाँव की स्थापना का सबसे बड़ा रोड़ा साबित हो रहा था।

वीरू जब कॉलेज में पढ़ रहा था, तब उसने शराब को लेकर पहाड़ के बारे में कही जानेवाली व्यंग्योक्तियाँ सुनी थीं। उसका मन आहत हो उठता। मन की सोच उसे गाँव की पगडंडियों पर ले जाती।

'क्या पहाड़ सचमुच ऐसा ही है जैसा ये लोग कहते हैं? क्या कुछ पथ-भ्रमित लोगों के आधार पर ही उस क्षेत्र के बारे में ऐसी धारणा बना लेनी चाहिए?'

ऐसे ही कुछ प्रश्न बार-बार मन में आते, साथ ही मन में जन्म लेता एक संकल्प 'इन्हीं युवाओं से शुरुआत करनी होगी, स्वयं उदाहरण बन समझाना होगा कि पहाड़ स्वयं के उद्यम के लिए अवसरहीन नहीं है।' और इसी संकल्प के चलते वह यह संदेश देने में सफल रहा कि अगर इच्छा-शक्ति हो तो अवसरों की कहीं भी कमी नहीं।

'ये तो हमारे बच्चों को बिलकुल ही बरबाद करके रख देंगे।' बेचैन वीरू ने गाँव के लोगों को समझाना शुरू किया। पर वर्षों से पड़ी आदत इतनी जल्दी और इतनी आसानी से कैसे छूटती। ऊपर से नशे के कारोबारियों का नेटवर्क इतना जबरदस्त था कि लोग डर के मारे भी साथ देना तो दूर, धीरे-धीरे उससे बात करने तक से कतराने लगे।

एक से बढ़कर एक अपराधी और शक्तिशाली लोग इस गैंग में शामिल थे। हालत यह थी कि बिलकुल ही बेखौफ होकर वे बड़ी-बड़ी गाड़ियों में शराब भरकर लाते और बेहिचक हर स्टेशन पर दे जाते।

यह सिर्फ मदनपुर की ही बात न थी, बल्कि इलाके के छोटे-बड़े

बाजार, कस्बों में इन लोगों ने अपना जाल बिछा रखा था।

बेचारे वीरू को पहले-पहले तो यह एहसास भी न था कि इस धंधे की जड़ें इस क्षेत्र में इतनी गहरी समाई हैं। लेकिन जब उसे हकीकत पता चली तो उसके पाँव तले जमीन खिसक गई।

'यह क्या हो गया हम लोगों को?' उसने गाँववालों को समझाने का प्रयास किया। उन लोगों को भी, जो इस धंधे के मकड़जाल में जा फँसे थे। लेकिन यह काम इतना आसान नहीं था। किसी के लिए यह जीते-जी न छूटनेवाली लत थी तो किसी की रोजी-रोटी की मजबूरी और किसी के लिए पैसा कमाने का आसान जरिया।

पर वीरू भी कहाँ हार माननेवाला था। उसने अकेले ही विरोध करने की ठान ली। उसे विश्वास था कि इस मुहिम में भी धीरे-धीरे लोग जुड़ते जाएँगे और कारवाँ बनता जाएगा। उधर शराब तस्करों के पास वीरू के पल-पल की खबर पहुँचने लगी। हर फन के माहिर इन तिकड़मबाजों ने उसे दुनियादारी और घर-परिवार की जिम्मेदारी का वास्ता देकर तमाम प्रलोभन दिए। पहले प्यार से नफा-नुकसान समझाया और फिर डरा-धमकाकर। परंतु न जाने किस मिट्टी का बना था वीरू। वह किसी भी तरह न माना। धुन के पक्के वीरू ने उन्हीं दिनों शराब की एक अवैध खेप आबकारी विभाग के हाथों पकड़वा दी।

उसके इस साहस को देख गाँव के कुछ नवयुवक मुरीद होकर उससे जुड़ गए। अब तो वीर सिंह के हौसले और बुलंद हो गए। वह और उसके साथी उन्हें नुकसान पहुँचाने का कोई मौका न चूकते।

वीरू अब उनका कट्टर दुश्मन बन गया। ऐसे अपराधी प्रवृत्ति के लोगों से उसकी दुश्मनी पर परिवार के सदस्यों को भी डर लगने लगा। उसकी पत्नी सुनीता ने कई बार उसे चुप रहने की सलाह दी।

वह समझाती कि वह अब अकेला नहीं, घर–गृहस्थी व बाल–बच्चों वाला इनसान भी है। उसकी जिम्मेदारी घर–परिवार के प्रति भी है। सो अपने जीवन को खतरे में डालने से बचे। मौके व माहौल के अनुकूल चले और अपने हितों की ओर भी ध्यान दे। लेकिन वीरू सुनीता की बातों को हँसकर टाल देता।

'अच्छा, तुम बताओ, सुनीता! तुम्हें कैसा जीवनसाथी पसंद है?' एक दिन दोनों के बीच बहस बढ़ जाने पर वीरू ने सुनीता से पूछ ही लिया।

'क्या मतलब है इस बात का? क्यों पूछ रहे हो?' सुनीता गड़बड़ा गई। मन–ही–मन समझ भी रही थी कि वीरू उसकी बातों की ही याद दिलाकर उसे मात देना चाहता है।

'सीधी सी बात पूछी मैंने। तुम्हें कायर और खुदगर्ज जीवनसाथी पसंद है या…' और उसने जान–बूझकर बात अधूरी छोड़ दी।

पत्नी की आँखों में आँखें डालकर कहे गए वीरू के ये शब्द सुनीता को निरुत्तर कर गए। वह जानती थी कि वीरू गलत नहीं है, लेकिन ऐसे लोगों से उलझना समझदारी भी तो नहीं है। वह मन मसोसकर रह गई।

उसके इन्हीं गुणों पर रीझकर ही तो माँ की नापसंदगी के बावजूद उसने वीरू से विवाह के लिए हामी भरी थी। अब उसका मन कमजोर क्यों पड़ रहा था? क्या बच्चों और स्वयं को लेकर असुरक्षा पनप रही थी उसके मन में? यही प्रश्न मन को मथ रहे थे।

अब तो विवाह को भी लगभग दस वर्ष बीत चुके थे। इतना समय कैसे कट गया, पता ही न चला।

तब उसने बारहवीं की परीक्षा उत्तीर्ण की थी। गाँव में कॉलेज न

होने के कारण वह बी.ए. की प्राइवेट परीक्षा दे रही थी। पिता गाँव की प्राथमिक पाठशाला में हेडमास्टर थे, इसलिए घर में पढ़ाई का माहौल था।

पहाड़ में पिछले कुछ वर्षों से शिक्षा का तेजी से विस्तार हुआ है। पहले कई गाँवों के बीच सिर्फ एक प्राइमरी स्कूल हुआ करता था और ब्लॉक स्तर पर मिडिल स्कूल। उसके बाद की पढ़ाई के लिए तो जिला स्तर पर ही स्कूल हुआ करते थे। वहाँ पढ़ाई सबके वश की बात नहीं थी। सिर्फ साधन-संपन्न लोग ही अपने बच्चों को वहाँ पढ़ाई के लिए भेज पाते।

आजादी के बाद तो स्कूल-कॉलेजों की जैसे बाढ़-सी आ गई। अब लगभग हर गाँव में एक प्राथमिक विद्यालय तो है ही, जगह-जगह इंटर कॉलेज भी खुल गए हैं।

लेकिन सुदूरवर्ती गाँवों में अभी भी लड़कियों के लिए पढ़ाई प्राथमिकता नहीं है। घर के काम-काज के साथ ही जितनी पढ़ाई हो पाती है, वही पर्याप्त है। गृह कार्य में निपुण होना ही लड़की का सर्वोपरि गुण माना जाता है।

किंतु सुनीता के साथ ऐसा नहीं था। बारहवीं कक्षा में पूरे कॉलेज में विज्ञान पढ़नेवाली वह अकेली लड़की थी। पिता का ध्यान पुत्र की षढ़ाई के साथ-साथ पुत्री की पढ़ाई पर भी रहता।

वीरू का रिश्ता जब सुनीता के लिए आया तो इस रिश्ते को लेकर घर में सबकी अलग-अलग राय थी। दोनों गाँवों के बीच कोई ज्यादा दूरी नहीं थी, इसलिए लोग एक-दूसरे के घर-चूल्हों से लेकर आचार-व्यवहार तक से परिचित रहते। जाहिर है, वीरू भी उनके लिए अनजान नहीं था। कोई उसे मेहनती व संघर्षशील लड़का कहता तो

कोई लड़ने-भिड़नेवाला और सनकी।

सुनीता की माँ ने तो इस रिश्ते से साफ इनकार कर दिया। उसे मालूम था, शराब के खिलाफ उसकी मुहिम ने कैसे खतरनाक लोगों को उसका दुश्मन बना लिया है। पता नहीं कब क्या अनहोनी हो जाए। यह सब जानते-समझते हुए भी बेटी की जिंदगी दाँव पर लगाने का औचित्य उन्हें समझ न आया।

लेकिन सुनीता के पिता की राय सबसे अलग थी। उनकी नजर में वीरू ईमानदार, कर्मठ और कुछ कर दिखानेवाला लड़का था। वह औरों की तरह कायर, स्वार्थी नहीं था बल्कि 'सर्वहिताय' की सोचवाला संस्कारित युवक था। और फिर, वह अपने लिए नहीं बल्कि गाँव समाज के लिए ही लड़ रहा था। इसलिए वह भड़क भी उठते, 'अरे हम सबको इसमें उसकी मदद करनी चाहिए। पर हम अपनी कायरता और तुच्छ स्वार्थों के वशीभूत इसलिए रिश्ता लौटा दें कि वह शराब तस्करों से भिड़ रहा है?' उन्हें अपने मन के इस डर के कारण रिश्ते के लिए ना कहना समझ में नहीं आया।

घर में कई दिन इस बात पर मंथन होता रहा। कभी-कभी तो माता-पिता की बहस इतनी बढ़ जाती कि दोनों में बातचीत ही न होती। माँ जहाँ पति को निष्ठुर और अपने ही पैर पर कुल्हाड़ी मारने वाला इनसान कहती, वहीं पिता उन्हें डरपोक, कायर और आदमी के गुण न समझनेवाला इंसान कहते।

यद्यपि परिवार में सभी लोगों का यह प्रयत्न रहता कि सुनीता को इसकी रंच मात्र भी खबर न हो, किंतु ऐसा हो न पाया। माता-पिता के बीच पनपे विवाद और तनाव के कारण सुनीता को इस रिश्ते की भनक लग ही गई।

वीरू अथात् 'वीर सिंह'–मदनपुर का वीर सिंह। पिछले ही वर्ष स्कूल में हुआ समारोह सुनीता को याद हो आया। क्या उसी वीर सिंह का रिश्ता आया होगा उसके लिए? स्व-उद्यमिता और पहाड़ों से पलायन पर बड़ा ओजस्वी भाषण दिया था उसने और बाद में सुनीता को पता चला था कि वीर सिंह ने जो कहा था उसे वह अपनी जिंदगी में भी अपना रहा था। कथनी और करनी में कोई अंतर न था उसके।

कोरे भाषणों से परे व्यावहारिक अनुभव पर आधारित वीर की बातों ने सभी छात्र-छात्राओं को उसका प्रशंसक बना दिया था।

सुनीता असमंजस में थी। आखिर किससे मालूम करे कि कौन है वह वीर सिंह? क्या वही जिसके बारे में वह सोच रही है या फिर कोई और? क्या उसका कोई अनजाना-अनदेखा सपना पूरा होने को है?

अपने सारे प्रश्नों का जवाब उसे कुछ दिन बाद ही मिल गया। छुपकर माँ-पिता की बातें सुन ली थीं उसने। लेकिन माँ के मन में इस रिश्ते को लेकर क्या चल रहा है, इससे अनभिज्ञ भी नहीं थी वह और सारी बातें जानने-समझने के बाद उसे लगा कि कमोबेश माँ गलत भी नहीं थी। आखिर कौन माँ अपनी बेटी को जान-बूझकर ऐसे लड़के से ब्याह सकती है, जिसके सौ दुश्मन हों।

पर वीरू के पक्ष में पिता के तर्क भी छुप-छुपकर सुने थे उसने।

'हे भगवान्! माँ, पिताजी की बात मान लें।' आँखें मूँदकर ईश्वर से हर रोज यही प्रार्थना करती सुनीता। बिना किसी के पूछे अपने मन की बात कह सके, ऐसा उसके संस्कारों में ही नहीं था।

पश्चिमी संस्कृति के अंधानुकरण के बावजूद पहाड़ों की कुछ परंपराएँ आज भी जीवित हैं। बड़े-बजुर्गों का सम्मान और उनकी बातों

का आदर करना उन्हीं सुदीर्घ परंपराओं का हिस्सा है। वैवाहिक रिश्तों का सच भी उन्हीं परंपराओं से जुड़ा है। यहाँ बड़े-बूढ़े खुद रिश्ता तय करते हैं और युवा उन्हें दिल से स्वीकार लेते हैं। यह बात और है कि रिश्ता खूब ठोक-बजाकर तय होता है। मसलन लड़की का आचरण, घर-परिवार की पृष्ठभूमि से लेकर गोत्र आदि की जाँच-परख और अंत में जन्म-कुंडली का मिलान। लेकिन अब समय के साथ-साथ लड़की-लड़के की पसंद-नापसंद भी देखी जाने लगी है।

सुनीता के मामले में भी ऐसा ही हुआ। काफी बहस और टीका-टिप्पणियों के बाद आखिरकार बेटी की सहमति के आगे माँ ने हथियार डाल ही दिए। लेकिन इससे पहले बेटी को इस रिश्ते की वास्तविकता समझाना वह नहीं भूली। सुनीता चुपचाप सुनती रही। लेकिन हाँ या ना, वह कुछ न बोली। उसकी चुप्पी के बावजूद माँ बेटी के मन की बात भाँप गई।

'अरे, पहले जन्मपत्री तो मिलवा लेते हैं। रिश्ते के बारे में तो तब सोचेंगे जब कुंडली मिल जाए।' पिता ने बहस को विराम दिया।

ईश्वर ने सुनीता की प्रार्थना सुन ली। दोनों की जन्मपत्री जुड़ गई तो माँ एक बार फिर परेशान हो उठी। परिवार के बुजुर्गों से भी सलाह-मशविरा हुआ, लेकिन एक राय न बन पाई।

'भई। सुनीता से भी तो पूछ लो। आखिर जिंदगी उसीने निभानी है उसके साथ। जो वह कहेगी, अब वही हमारा फैसला।' अपनी तरफ से मन बना चुके सुनीता के पिताजी ने गेंद बेटी के पाले में डाल दी।

'अरे, वो क्या बताएगी? उसका भला-बुरा सोचना तो हमारा काम है।' माँ पिता की इस बात से कतई सहमत न थी। जानती थी, सुनीता के मन में क्या है?

थोड़ी देर की बहस के बाद अंततः माँ मान गई। बस, फिर क्या था। तय हो गया कि लड़केवालों के यहाँ कहलवा दो, हमारी तरफ से 'हाँ' है। कुछ दिनों बाद वीरू और सुनीता की सगाई भी हो गई। अब सुनीता भविष्य के सुनहरे सपने सँजोने लगी।

छह माह बाद वीरू की दुलहन बन सुनीता अपने सपनों के घर में आ गई। सचमुच सपनों-सा ही घर था वह। छोटा जरूर था मगर खुशियाँ बड़ी थीं। चारों ओर फैली हरियाली और पेड़ों के झुरमुटों को देखकर उसे ऐसा लगता मानो कोई छोटी सी सुरम्य वनस्थली हो यह। ऊपर से सास के ममतामयी आँचल और स्नेही व्यवहार ने माँ की कमी और मायके की कसक बिलकुल ही भुला दी।

वीरू तो सहृदय था ही—एक प्यारा जीवन साथी। और क्या चाहिए था सुनीता को। विवाह के दो दिन बाद ही नई-नवेली दुलहन को वह साथ लेकर पास ही बगीचे में फलदार पौधा लगाने पहुँच गया 'यह हमारे विवाह की निशानी है। इसका ध्यान रखना। मेरी तरफ से इसे विवाह का उपहार समझ लो।'

प्यार से कहे गए वीरू के ये शब्द सुनीता को अभिभूत कर गए। इस अनोखे उपहार और इसके भीतर समाहित प्रेरणा का अहसास सुनीता के रोम-रोम को पुलकित कर गया।

जीवन की गाड़ी चल निकली। यों तो वीरू पहले से ही ईमानदार और मेहनती था, लेकिन अब उसे सुनीता के मन की ताकत और मिल गई थी। घर गृहस्थी के साथ-साथ सुनीता खेत-खलिहानों के काम में भी हाथ बँटाने लगी तो वीरू की ताकत दुगुनी हो गई।

बसंत का आगमन सुनीता की जिंदगी में दोहरी खुशियाँ लेकर आया। उनके लगाए गए पेड़ में जहाँ नई कोंपलें फूटनी आरंभ हुईं वहीं

सुनीता को भी अपने अंदर नई कोंपल फूटने का एहसास हुआ। कुछ समय बाद ही उसने एक बेटी को जन्म दिया तो पूरा घर खुशियों से भर गया।

जिस वर्ष पेड़ ने पहली बार फल दिए, उसी वर्ष सुनीता ने एक सुंदर बेटे को भी जन्म दिया। घर-आँगन अब किलकारियों से गूँजने लगा। सास ने बच्चों की देखभाल की जिम्मेदारी सँभाली तो सुनीता चूल्हा-चौका कर वीरू के साथ खेतों में निकल जाती। थोड़ी देर घर-परिवार के साथ व्यतीत कर वह दुकान पर निकल जाता। दुकानदारी से समय निकाल कर वह गाँव के बच्चों को विज्ञान, गणित व अंग्रेजी भी पढ़ाने लगा। धीरे-धीरे बच्चे शाम को खुद ही कॉपी-किताब लिये चले आते।

माँ भागुली देवी बच्चों में मस्त रहती। बहुत बुरे दिन देखे थे उसने। शादी के तीन बरस बाद ही पति चल बसे। किसी तरह मेहनत-मजदूरी कर उसने वीरू को पाला। आज घर के इस इकलौते चिराग का खुशहाल परिवार देख वह बार-बार अपने इष्ट देव का धन्यवाद अदा करती।

वीरू जानता था, माँ ने बहुत कष्टों से उसे पाला-पोसा है, इसलिए अपने से अधिक वह उसका खयाल रखता।

सुनीता से उसे कभी यह जताने की आवश्यकता न पड़ी कि वह भी उसी की तरह माँ का खयाल रखे। सास-बहू की जुगलबंदी पूरे गाँव में चर्चा का विषय बनी हुई थी।

'तुमने माँ पर न जाने क्या जादू कर दिया? हमारी शादी के बाद अपने इकलौते बेटे को तो भूल ही गई वह।'

वीरू की बात सुनते ही सुनीता के मुख पर भोली से मुस्कान आ जाती।

अपने घर-परिवार की तरक्की के साथ-साथ वीरू गाँव की युवा पीढ़ी को भी सलाह देता। गाँव खुशहाली की डगर पर था। गाँव वालों के साथ न देने से शराब माफिया की गतिविधियाँ भी लगभग ठप्प पड़ी हुई ही प्रतीत हो रही थी। वीरू का ध्यान भी अब इस ओर से हटकर गाँव के युवाओं को शिक्षित-प्राशीक्षित करने की ओर लग गया।

'गाँवों में कुछ नहीं हो सकता।' सालों से प्रचलित यह धारणा अब टूटने लगी थी। भ्रमित युवा वीरू से सलाह लेने आते तो युवतियाँ शाम को सुनीता के पास आ बैठतीं।

चारों ओर शांति और खुशहाली थी। लेकिन वीरू को सपने में भी अनुमान न था कि ये शांति, आनेवाले तूफान की सूचक है।

क्षेत्र में जनता का सहयोग मिलने से शराब तस्करों के हौसले पस्त जरूर थे, लेकिन उन्होंने हार मान ली हो, ऐसा भी नहीं था। वहाँ घुसपैठ के लिए उन्हें अब कुछ ऐसे विभीषणों की तलाश थी, जो उनके लिए डटकर काम कर सकें।

और आखिरकार उन्हें इस काम में सफलता मिल ही गई। ऐसे ही एक व्यक्ति को ढूँढ़ने में कामयाब हुए थे वो!

□

तीन

कुलदीप वीरू के गाँव मदनपुर से दो मील दूर ही कुलस्यारी का रहनेवाला था। वह चार साल का था, जब पिता की मृत्यु हो गई। सीधी व सरल माँ। बेचारी लाड़-प्यार और अनुशासन में फर्क ही नहीं समझ पाई। जीने का कोई और सहारा न देखकर उसने सबकुछ कुलदीप पर ही लुटा दिया।

माँ के इसी लाड़-प्यार ने कुलदीप को बचपन से ही बहुत जिद्दी बना दिया। जिद पूरी न होने पर वह जब रोते-रोते हाथ-पैर पटकने लगता तो बेचारी माँ की जैसे जान ही निकल जाती। इकलौते बेटे के अंधे प्यार में भले-बुरे की सोच ही बिला जाती। बस, यही कोशिश रहती कि किसी तरह बिना बाप के इस बच्चे की इच्छा पूरी कर सके।

कुलदीप बड़ा हुआ तो उसकी फरमाइशें भी बढ़ती गईं। समृद्ध परिवारों के बच्चों को देख-देखकर उनके जैसी चीजों की फरमाइश करता। बेचारी माँ बेटे की जिद पूरी करने के लिए कर्ज में डूबती जा रही थी।

कर्जा सिर पर चढ़ने लगा तो गाँववालों ने समझाया, लेकिन उसे तो समझानेवाले लोग ही दुश्मन नजर आते।

'मेरा उसके अलावा है कौन इस दुनिया में?' कहते-कहते वह आँखों में आँसू भर लाती। यही आँसू आगे उसकी नियति बनने वाले हैं, ऐसा उसे तब कहाँ मालूम था। जवानी में ही विधवा और ऊपर से बेटे की जिम्मेदारी पर तरस खाकर रिश्तेदारों ने यथासंभव मदद की, लेकिन कुलदीप के लक्षण देख धीरे-धीरे उन्होंने भी हाथ खींच लिया।

उद्दंड और जिद्दी कुलदीप स्कूल में भी नित्य नए तमाशे कर आता। कभी सहपाठियों से मारपीट तो कभी अध्यापकों से बदतमीजी रोजमर्रा की बात हो गई। स्कूल में डाँट पड़ती तो वह कई दिनों तक स्कूल न जाता। घर से स्कूल तो निकल जाता, पर पूरे दिन जंगलों में किन्गोड़, हिंसर की झाड़ियों में ही भटकता रहता।

अध्यापक शिकायत कर-करके थक जाते। आए दिन सहपाठियों के माता-पिता भी टोका करते। लेकिन बेटे के मोह में अंधी माँ को न कुछ दिखाई देता, न सुनाई देता।

उसके साथ के बच्चे जब दसवीं का इम्तिहान दे रहे थे तब कुलदीप ने बमुश्किल आठवीं की परीक्षा उत्तीर्ण की। अब उसे गाँव से तीन मील दूर स्थित इंटर कॉलेज जाना था।

बस, यहीं से शुरू हुई उसकी आवारागर्दी की नई कहानी। उसके खर्चे बढ़ रहे थे, पर माँ के संसाधन सीमित थे। बेटे की जरूरतें पूरी करते-करते वह आकंठ कर्ज में भी डूब गई थी। अब उसे कोई भी और आगे कर्ज देने को तैयार न था।

जब माँ से खर्चा मिलना बंद हो गया तो बिगड़ैल कुलदीप ने धीरे-धीरे छोटी-मोटी चोरियाँ करनी भी शुरू कर दीं। घर पर शिकायत का उसे कोई फर्क नहीं पड़ता। तंग आकर लोगों ने पटवारी के पास में रिपोर्ट करवाई तो उसने घर आना ही बंद कर दिया।

माँ को धीरे-धीरे अपनी गलती का एहसास हुआ, लेकिन अब पानी सिर से ऊपर चढ़ चुका था। पछताने के सिवा अब और कोई चारा नहीं था।

'कुलदीप', यह नाम उसके स्वर्गीय पति का ही दिया हुआ था। पहले बेटे के जन्म से बहुत खुश थे वे।

'सुंदरा, हमारी जिंदगी तो गरीबी और अभावों में ही बीत रही है। लेकिन अब मेरा बेटा हमारा बुढ़ापा अवश्य सुखी करेगा।'

पति की यह बात याद कर सुंदरा की आँख भर आई। कैसा नाम रोशन किया उनके कुल-दीपक ने। कितना तड़प रही होगी उनकी आत्मा पुत्र की ये सारी कारगुजारियाँ देखकर।

छोटी-छोटी बातों पर मारपीट तो कुलदीप करता ही रहता, किंतु एक दिन स्कूल के एक मामूली से झगड़े में बिगड़ैल कुलदीप ने दूसरे छात्र को चाकू मार दिया। लड़का बच तो गया, लेकिन खून के फूटे फव्वारे ने कुलदीप को डरा दिया।

'अगर ये मर गया तो पूरी जिंदगी जेल में कटेगी।'

ये विचार मन में आते ही वह वहाँ से रफूचक्कर हो गया।

घर में पुलिस को देख सुंदरा के होश उड़ गए। ढेर सारी पूछताछ, लेकिन उसे कुछ पता हो तो बताए।

पुलिस चली गई तो पथराई सुंदरा निढाल दीवार के सहारे बैठी घंटों अपनी किस्मत पर रोती रही। फिर कलेजे पर पत्थर रख मन ही मन बुदबुदाई-

'मर गया तू आज मेरे लिए। ऐसी औलाद से भगवान् मुझे बेऔलाद ही रखता तो ठीक था।'

'चल, उठ। ऐसी औलाद के लिए क्या रोना।' घर आई गाँव की

ही दो-तीन औरतें उसे समझा-बुझाकर अपने साथ चारा-लकड़ी काटने बुला ले गईं।

उधर कुलदीप घबराहट में भाग तो गया, लेकिन जाए कहाँ? कुछ दिन तक जंगलों में भटकता रहा। खून से सने कपड़ों को लेकर कहाँ जाता? समझता था, पुलिस उसके पीछे होगी।

इसी डर और आशंका में उसने एक और अपराध कर डाला। एक नवदंपती को चाकू की नोक पर लूटकर वह शहर भाग गया। अब वह बिलकुल आजाद था, अपनी मर्जी का मालिक; किंतु इस शहर से वह अनजान था।

क्या करे, कहाँ जाए? सबसे पहले उसने एक ढाबे में शरण ली। वहीं कुछ दिन नौकरी भी की। लेकिन मनमौजी कुलदीप को ये काम कहाँ पसंद आता। सुबह-शाम ग्राहकों की घुड़की और साथ में मालिक की भी फटकार।

ढाबे के मालिक से उसे ईर्ष्या होती। कितना पैसा है इसके पास? काश, वह भी इतना कमा पाता!

और एक दिन उसके गल्ले से पैसे बटोर वह वहाँ से भी भाग निकला। इस तरह एक शहर से दूसरे शहर वह छोटी-मोटी चोरियाँ करता रहता, लेकिन पकड़ा न जाता। इस सब में उसे अब आनंद आ रहा था।

ऐसे ही एक शहर में उसे एक बार में काम मिल गया। चकाचौंध भरा ये काम उसे पसंद आ गया। ग्राहकों को शराब पिलाने में उसे बड़ा मजा आता। नशे में धुत ग्राहक सौ-पचास रुपए भी उसे दे जाते और कभी बेहोश ग्राहक को बाहर तक छोड़ने के बहाने वह उनकी पॉकेट भी मार लेता।

‘क्या उसका अपना भी ऐसा बार नहीं हो सकता?’ मन में आए दिन कौंधते इस विचार को अब वह मूर्त रूप देने की तैयारी में भी जुट गया।

कहते हैं, ‘जहाँ चाह वहाँ राह’। इस दुनिया में हर तरह के लोग हैं–अच्छे भी और बुरे भी। यह अपने स्वभाव और संस्कारों पर निर्भर है कि आप किन्हें चुनते हैं। हो सकता है, कुछ समय के लिए विपरीत स्वभाव वालों से भी दोस्ती हो जाए, लेकिन ये संबंध चिरस्थायी नहीं होते।

कुलदीप के साथ भी ऐसा ही हुआ। शराब व्यापारियों के कुछ एजेंटों के संपर्क में आया कुलदीप एक दिन शहर के एक प्रमुख व्यवसायी से मिलने में सफल हो गया।

अपराध से पुराना नाता होने के कारण कुलदीप जोखिम उठाने से तनिक भी न डरता। उसकी यही खूबी सबके मन को भा गई। कुलदीप को उसने अपना मैनेजर नियुक्त कर दिया। और यहाँ से शुरू हुआ अब उसका एक नया सफर।

पहले मैनेजर, फिर पार्टनर बन कुलदीप ने इस धंधे में गहरी जड़ें जमा लीं। पैसे और ताकत की भूख दिनों-दिन और जोर मारने लगी।

आधुनिक सुविधाओं से युक्त बड़ा सा घर, कई शहरों में फैली संपत्ति, देशी-विदेशी गाड़ियाँ और उसके बाद भी और अधिक पा लेने की लालसा।

इस दौड़ में एक बार भी उसे अपनी विधवा माँ का खयाल नहीं आया। उस माँ का, जिसने उसकी इच्छा पूरी करने के लिए अपनी रोजी-रोटी का एकमात्र जरिया अपने खेतों को ही गिरवी रख दिया। उसकी अनगिनत इच्छाओं, आकांक्षाओं की पूर्ति के आगे किसी की न सुनी।

वह माँ, जो दो जून की रोटी के लिए भी अब गाँववालों का मुँह ताकती है। जब तक शरीर में जान रही, मेहनत-मजदूरी की। किसी के आगे हाथ न फैलाया। लेकिन अब सामर्थ्य न रही। दुश्चिंताओं के बोझ ने समय से पहले ही कमर तोड़ दी।

शहरों में रहनेवाले युवा कभी-कभी कुलदीप की खबर ले आते।

'चाची, हमने तेरे कुलदीप को फलाँ जगह देखा। अच्छा धंधा जमा लिया उसने।'

'कौन कुलदीप?' सुंदरा की आँखों की कोर यकायक डबडबा आती।

'किसी और को देखा होगा रे। मेरा कुलदीप तो उसी दिन मर गया जिस दिन उसको पकड़ने के लिए पुलिस घर पर आई थी।'

और फिर उन आँसुओं को आँखों में ही रोकने का यत्न करते हुए सुंदरा अपनी पलकें ढाँप लेती।

नालायक संतान के लिए आँसू बरबाद करने का भी मन न होता उसका। लोग हैरान होते। बेटे पर जान छिड़कनेवाली माँ इतनी कठोर कैसे हो गई।

कभी-कभी सुंदरा खुद भी हैरान होती। कैसे इतनी निष्ठुर हो गई वो। बीता समय धुँधलाई आँखों के आगे घूम जाता। पति की मौत के बाद का संघर्ष नन्हें कुलदीप की परवरिश का जिम्मा, कुलदीप का जिद्दी स्वभाव, उसके छोटे-छोटे झगड़े और अंततः वो घटना जिसने उसे घर-गाँव छोड़ने पर मजबूर कर दिया और माँ को सारे गाँव, सारे समाज के आगे शर्मिंदा कर दिया।

सुंदरा का मन घुटन से भर उठता। पागलों की तरह वह चारदीवारी भर रह गई घर को ताका करती। मिट्टी से पुती दीवारें जगह-जगह से

उखड़ रही थीं। वर्षों से उनमें चूना तक नहीं पोता गया था।

कितना शौक था उसे घर को साफ-सुथरा रखने का। छोटा सा घर, लेकिन गोबर-मिट्टी से लिपा-पुता हुआ। चूने से रँगी धवल दीवारें और उन पर गेरू से बनाई गई कलात्मक आकृतियाँ देख पति कई बार ठिठोली कर उठते।

'अरे सुंदरा, तुझे तो किसी बड़े घर में पैदा होना चाहिए था। अपने हुनर से तूने तो इस अभाव में भी घर को कैसा सजा दिया है। अगर पैसा होता तो तू इसे स्वर्ग ही बना देती।'

तारीफ में गुदगुदाते ये शब्द सुंदरा को लजा जाते। शर्म से लाल वह अपना चेहरा ढाँपते हुए बोलती, 'पैसे से घर बड़ा और साफ-सुथरा नहीं बनता। ये बड़े-बड़े लोग भी घर में कैसी गंदगी फैलाकर रखते हैं। देखते नहीं हो क्या?'

पति को और क्या चाहिए। पत्नी की सुघड़ता और उसका संतोष।

'यह तो साक्षात् लक्ष्मी है। हमारे दिन अवश्य सुधरेंगे।' वह मन-ही-मन गद्‌गद हो उठते।

लेकिन आज अपनी लक्ष्मी की यह हालत देख उनकी आत्मा कचोट नहीं रही होगी क्या? ठीक ही तो कहती थी वह कि पैसे से सुख-शांति नहीं खरीदी जा सकती।

पैसा तो कुलदीप ने भी बहुत कमा लिया था, लेकिन क्या वो खुश था? पैसे कमाने की चाह ने उससे अच्छे-बुरे सारे काम करा डाले। कई लोगों को अपना दुश्मन बना लिया। जिंदगी का इतना भय कि सुरक्षा कर्मचारियों के होते हुए भी तकिए के नीचे रिवॉल्वर रख कर सोता।

बहुत कम समय में ही अवैध रूप से बेची जानेवाली शराब का एक बहुत बड़ा तंत्र खड़ा कर लिया कुलदीप ने। साथियों के बीच और

शराब जगत् में अब वह कुलदीप नहीं, 'कुल्लू भाई' के नाम से चर्चित था।

यह वही समय था, जब मदनपुर और आस-पास के क्षेत्र में वीर सिंह के अथक प्रयत्नों के चलते ही अवैध शराब का कारोबार लगभग ठप पड़ा था।

कुलदीप ने अब तक किसी को भी अपने अतीत की भनक नहीं लगने दी थी। अपने गाँव, अपने बचपन को वह संभवत: जान-बूझकर याद नहीं करना चाहता था। ऐसे में एक दिन जब उसके पार्टनर ने उससे उस क्षेत्र का जिक्र किया तो अंदर-ही-अंदर उसका मन कुलाँचे भरने लगा।

'करोड़ों का नुकसान हो रहा है। कोई वीर सिंह है। उसके पीछे सारा क्षेत्र पागल हो गया। तुममें प्रतिभा है। कुछ कर सकते हो वहाँ के लिए?' पार्टनर जैसे गिड़गिड़ा रहा था।

'बिलकुल कर सकता हूँ और अवश्य करूँगा। मेरा तो गाँव है वहाँ।' उत्साहवश कुलदीप एक ही साँस में सबकुछ बोल गया।

पार्टनर चौंका। क्या सही सुना उसने? कुलदीप जैसा मरने-मारने वाला दु:साहसी उसी इलाके का है। और उसका पार्टनर होते हुए भी उसे यह नहीं मालूम। वह अंदर-ही-अंदर खुशी से झूम उठा।

'तुम्हारा गाँव?'

'हाँ, मेरा गाँव।' और कुलदीप ने घर छोड़ने की एक मनगढ़ंत कहानी उसे सुना दी। चाकू मारने और पुलिस केस की बात बड़ी चतुराई से छिपा गया वह। आखिर कोई समझदार व्यक्ति अपना कमजोर पक्ष किसी प्रतिद्वंद्वी के आगे क्यों उजागर करे? ठीक है, इस धंधे में वह उसका पार्टनर है, लेकिन कुलदीप हलकी बात कर अपना रसूख,

अपना दबदबा यहाँ कम नहीं करना चाहता था। और फिर, यह खेल तो है ही बाहुबलियोंवाले रुतबे का। यह सुनहरा मौका था उसके लिए। जहाँ औरों की दाल तक न गल पा रही थी, वहाँ कामयाबी के झंडे गाड़कर वह बेताज बादशाह बन सकता था। इसलिए लोहा गरम देख उसने तुरंत चोट की–

'यह मुझ पर छोड़ दो। सब चुटकी में ठीक कर दूँगा।'

यह सुनते ही सबके चेहरे पर उत्साही लहर दौड़ गई। मालिक ने सुना तो गर्मजोशी से उसे सीने से लगा लिया। निश्चिंत होकर सारा जिम्मा अब उसके कंधों पर डाल दिया गया। इधर फितरती कुलदीप भी अपनी गोटियाँ बिछाने में लग गया।

गाँव का जिक्र आते ही माँ की याद न आई हो, ऐसा संभव नहीं था। जब से वह घर से निकला, उसने वापस मुड़कर नहीं देखा। उसे तो ये भी नहीं पता कि माँ जिंदा भी है या नहीं। एक पल को मन जरूर व्यथित हो उठा, पर अगले ही क्षण उसने सिर झटका और फिर अपनी उसी तिकड़मी दुनिया में मस्त हो गया।

□

चार

'वीर सिंह...।' दिमाग पर बहुत जोर डालने के बाद भी कुलदीप को इस नाम का कोई शख्स याद नहीं आया। गाँव में रहते तो ये नाम कभी नहीं सुना उसने।

'चलो, वहाँ पहुँचकर ही देखेगा, किस चिड़िया का नाम है ये वीर सिंह।' और उसके होंठों पर कुटिल मुसकान घिर आई।

'इतनी लंबी गाड़ी और क्या चमाचम चमक रही थी। रुकते ही एक साहब उतरा। सूट-बूट पहने, चश्मा लगाए। क्या ठाट थे उसके।' दोनों हाथों से गाड़ी की लंबाई बताते हुए मँगतू बड़ी-बड़ी, गोल-गोल आँखें मटकाकर यह सब बखान किए जा रहा था।

'कहाँ देखी तूने ऐसी गाड़ी?' दूसरे ने उत्सुकता से पूछा।

उसकी बातें सुन गाँव के कुछ लोग और उसके चारों ओर आ खड़े हुए।

'कोई बड़ा साहब आया होगा ऑफिस में।' उन्हीं में से एक ने कहा।

'हाँ, हाँ, वही होगा। पर यार, गाड़ी तो इतनी चमचम कि शक्ल देख लो उसमें अपनी।' मँगतू अभी भी गाड़ी के सम्मोहन से उबर नहीं पाया था।

'मैंने भी देखा उस साहब को। न जाने क्यों वह चेहरा कुछ जाना-पहचाना-सा लगा।' जीतू चाचा ने दिमाग पर जोर डाला और कुछ देर फिर सोचते रहे, मानो पहचानने की अब तक कोशिश कर रहे हों।

यहाँ जमा भीड़ के बीच कुछ देर तक यही गाड़ी और साहब-पुराण चलता रहा।

'कुलदीप तो नहीं?' जीतू चाचा धीरे से बुदबुदाए और अचानक उनका स्वर ऊँचा हो गया।

'हाँ-हाँ, शायद वही था। लेकिन चाकू मारकर भागा कुलदीप साहब कैसे बन गया? और इतने वर्षों से कहाँ था?' मन में उठे ढेर सारे सवालों के बाद अंततः उन्होंने खुद ही अपना अनुमान खारिज कर दिया।

यही साहब महीने में दो-तीन बार फिर अलग-अलग दफ्तरों में दिखाई दिया और फिर अदृश्य हो गया। सारे क्षेत्र में यही चर्चा थी कि कोई बड़ा अधिकारी क्षेत्र के दौरे पर है।

लेकिन उसके बाद कुछ और अनजाने चेहरे क्षेत्र में घूमने लगे। धीरे-धीरे शराब की गाड़ियाँ भी आने लगीं और माहौल खराब होने लगा।

कुलदीप के आदमियों ने उसकी चमक-दमक से सम्मोहित युवाओं को एक-एक कर समझाना शुरू किया और उसी जिंदगी के ख्वाब भी उन्हें दिखाने लगे। यह सब सुन कुछ लोग सोचने को मजबूर हो गए तो कुछ एक बार में ही साहब के लिए काम करने को तैयार हो गए। उन बेचारों को तो अभी भी यह मालूम न था कि वही कुलदीप है, जो पुलिस की नजरों में आज भी फरार मुजरिम है।

इस सारे घटनाक्रम से बेखबर वीरू अपने ही काम में व्यस्त था। उसके गाँव की तरफ वैसे भी कुलदीप के आदमियों ने अभी तक रुख नहीं किया था। अपनी जड़ें वह पहले आस-पास के क्षेत्र में मजबूत करना चाहते थे।

वीरू को भनक लगी तो वह चौंका। क्या एक बार फिर शराब तस्कर यहाँ पाँव पसारने की जुगत में हैं? निश्चिंत होकर वीरू भविष्य की योजनाएँ बनाने में व्यस्त हो गया था । उसकी चिंता थी समय रहते उन्हें सबक कैसे सिखाया जाए। क्योंकि यदि ऐसा समय रहते न किया गया तो फिर कुरी (लैंटाना) झाड़ियों की तरह यह अमरबेल फैलती चली जायेगी। वह तुरंत हरकत में आ गया।

अपने विश्वस्त साथियों की सहायता से उसने उनकी अवैध शराब की दो गाड़ियाँ पकड़वा दीं। लेकिन इस बार उसकी समझ में आ गया था कि ये काम इतना आसान नहीं था। दुश्मन भी लाव-लश्कर के साथ चाक-चौबंद था। साथ ही सतर्क भी।

कुलदीप को वीरू से ऐसी दिलेरी की उम्मीद न थी। एक पल को तो वह बौखला उठा। मन हुआ, सबक सिखा दे, लेकिन साथियों ने रोक दिया।

'उस पर हाथ डालना ठीक नहीं, भाई। क्षेत्र में बवाल हो जाएगा। इसको तो दूसरी ही तरह से समझाना होगा।' नुकसान से बौखलाए कारिंदों ने कुलदीप की शरण ली।

'समझाओ उसे एक बार। नहीं समझेगा तो मैं समझाऊँगा। लेकिन ध्यान रहे, प्यार से समझाना; नहीं समझे तो लालच देना।'

साथियों की सलाह मान कुलदीप ने कूटनीति से काम लेना ही उचित समझा।

अपने कुल्लू भाई की आज्ञा शिरोधार्य कर वीरू को प्यार से समझाने पहुँच गए उसके गुर्गे इस बार।

वीरू को बहुत तरस आया उनकी कुमति पर, उनके सुझावों पर, उनके दिए लालच पर।

'तुम ये सब छोड़ दो। मैं तुम्हें इससे बेहतर और सुकून भरी जिंदगी दे सकता हूँ।' वीरू ने मुसकराकर उलटा पासा फेंका तो उनके तन-बदन में आग लग गई। मन हुआ, वहीं उसे उसकी इस गुस्ताखी की सजा दे दें, लेकिन अपने कुल्लू भाई की नसीहत याद आ गई।

लुका-छिपी का यह खेल कुछ दिन चलता रहा। कुलदीप के गुर्गे शांत बने रहे तो वीरू ने भी उन्हें नुकसान पहुँचाने में कोई कोर-कसर न छोड़ी।

लेकिन कुछ कर दिखाने की मन में ठानकर इस क्षेत्र में आया कुलदीप हाथ पर हाथ धरे बैठा हो, ऐसा न था। और इसकी बानगी वीरू और गाँववालों को कुछ दिन बाद ही देखने को मिल भी गई।

□

पाँच

शाम का धुँधलका गहराने लगा था। सूर्य अपनी लालिमा बिखेरता अस्ताचल में समा रहा था। चहकती हुई चिड़ियों के झुंड अपने-अपने ठौर की ओर उड़ रहे थे तो दूसरी ओर रँभाते-मिमियाते मवेशी अपने-अपने ठिकानों में पहुँच गए थे।

छोटे-छोटे बच्चे गाँव के ही पंचायती चौक में खेलते हुए खूब धमा-चौकड़ी मचा रहे थे।

गाँव के बीचोबीच स्थित मंदिर में घंटियों की मधुर ध्वनि गुंजायमान थी तो कहीं ट्रांजिस्टर पर आकाशवाणी नजीबाबाद से प्रसारित होनेवाले कार्यक्रम के स्वर लहरा रहे थे।

बड़े-बूढ़े अपने-अपने दल बनाकर चर्चाओं में व्यस्त थे तो युवाओं की टोली अपने दिन भर के क्रियाकलापों के लेखे-जोखे में जुटी थी।

वीरू की माँ भी पोते को गोद में लेकर पंचायती चौक में पोती को बच्चों के साथ कूदते-चहकते देख भाव विह्वल थी।

गाय-बच्छियों को चारा-पानी डाल दूध दुहकर सुनीता घर के आँगन में पहुँची ही थी कि वहाँ का नजारा देख उसकी साँसें जहाँ की तहाँ अटक गईं। कुछ युवक लहूलुहान वीरू को सहारा देते हुए घर की ओर लिये आ रहे थे।

वीरू की कमीज जगह-जगह से फट गई थी और उस पर खून के तमाम निशान लगे थे। किसी अनहोनी की आशंका से उसका दिल घबरा उठा।

उसने झट उसका हाथ थाम वहीं आँगन में पड़ी कुरसी पर बिठा दिया। आँखों में ढेर सारे प्रश्न थे, लेकिन जुबाँ साथ नहीं दे रही थी।

उसके कँपकँपाते होंठ और आँखों में आँसू देख वीरू मुसकरा दिया।

'इस तरह छोटी-छोटी बातों से घबराओगी तो कैसे काम चलेगा?'

'छोटी बात कहते हो इसे? कितना खून बह गया है। कैसे हुआ ये?' सुनीता की घिग्घी बँध गई।

'किसी से झगड़ा हुआ क्या इनका?' वीरू से कोई जवाब न मिलने पर वह साथ आए युवकों से पूछने लगी।

'नहीं भाभी, वो तो...' वीरू ने आँखों-ही-आँखों में इशारा किया तो उसने अपनी बात अधूरी ही छोड़ दी।

सुनीता समझ गई, कोई कुछ नहीं बतानेवाला। अंदर से टिंचर की बोतल ला रूई के फाहे से वीरू के जख्म पर लगाने लगी। जख्मों पर जलन हुई तो वीरू के मुँह से आह निकल आई।

'इन्हें तो डिस्पेंसरी में ले जाने की जरूरत है, देवरजी। और अगर ये नहीं जा सकते तो कंपाउंडर को घर पर ही ले आओ।'

'अरे, कुछ नहीं हुआ। एक-दो दिन में सब ठीक हो जाएगा। अगर जरूरत ही पड़ी तो कल चला जाऊँगा।' साथ आया युवक कुछ बोलता, इससे पहले वीरू खुद ही बोल पड़ा।

अँधेरा बढ़ने लगा तो भागुली देवी भी बच्चों को लेकर घर चली आई। उम्र बढ़ने के साथ-साथ उसकी आँखों की रोशनी भी अब कम

होने लगी थी।

आँगन में बैठे वीरू के जख्मों की ओर पहले तो उनका ध्यान नहीं गया, लेकिन एक कोने पर पड़ी खून से सनी कमीज उनकी निगाहों से छुप न सकी।

कमीज उठाए वो वीरू के पास आ खड़ी हुई। यह सब इतनी तेजी से हुआ कि सुनीता भी समझ न पाई।

'अरे ब्वारी, क्या हुआ वीरू को?' लरजता स्वर, भीगी हुई आँखें, कँपकँपाता शरीर।

'कुछ नहीं बताते, माँजी।' सुनीता ने आगे बढ़ थाम लिया उन्हें।

'अरे, क्यों नहीं बताता? किसने किया तेरा ये हाल?' और फिर साथ आए युवकों को भी ले लिया आड़े हाथ।

'किससे दुश्मनी है मेरे वीरू की? यह तो सबका भला ही कर रहा है।'

सब खामोश थे। जानते थे, किससे दुश्मनी है वीरू की। किसके आँख की किरकिरी बन गया है वीरू। लेकिन उसकी पत्नी और माँ कहीं घबरा न जाएँ, इसलिए चुप रहे।

'कहीं उन शराबवाले गुंडों ने तो मारपीट नहीं की?' आशंकित भागुली देवी ने साथ आए युवक से पूछा।

'सुरू, तू बता। ये तो बताएगा नहीं। वही थे न? कितनी बार कहा इससे, मत ले उन लोगों से दुश्मनी।' उसने झट दूसरे साथी से सवाल किया।

'नहीं-नहीं चाची, तू घबरा मत। वे लोग नहीं थे। अरे, होंगे कोई छोटे-मोटे चोर-उचक्के। वीरू भाई से भिड़ गए।' सुरू ने तुरंत उनकी बात काट दी।

सुरू का हड़बड़ाहट भरा जवाब सुन इस पीड़ा में भी वीरू मुँह फेरकर मुसकरा दिया।

'इन्हीं लोगों के भरोसे तो उसकी मुहिम जिंदा है अब तक। वरना इन धन कुबेरों और शक्तिशाली लोगों के बीच उसकी क्या बिसात।' वीरू ने गहरी साँस ली।

'तुम चिंता मत करो। कोई कुछ नहीं बिगाड़ पाएगा हमारा। ये लोग हैं न साथ में।' वीरू ने साथियों की ओर इशारा किया।

आत्मविश्वास से उसका चेहरा दमक उठा।

'क्यों चिंता न करें हम? क्यों तुम्हारे ही पीछे पड़े हैं ये लोग? तुम ही क्यों दुश्मन बने हो उनके?'

'क्योंकि तुम विरोध करते हो उनका। क्या मिल रहा है तुम्हें इस सबसे? कोई पीता है, मरता है, जीता है, तुम्हें क्या मतलब इससे?'

सुनीता ने प्रश्न दागे और स्वयं ही उनका जवाब भी दे डाला और साथ ही वीरू की ओर सवाल भी उछाल दिया।

वीरू कुछ देर चुप रहा। गहन सोच में डूबे उसके चेहरे ने गांभीर्य ओढ़ लिया। फिर धीरे से बोला, 'मुझे मतलब है, सुनीता।' ये लोग हमारी पीढ़ी को बरबाद कर देंगे। खत्म कर देंगे हमारा समाज। भले आदमी गाँव में टिकेंगे नहीं। इन्हीं का राज रहेगा।'

'लेकिन पीढ़ी और समाज का ठेका तूने ही क्यों लिया है? अरे मेरा तो तू एक ही सहारा है। तुझे कुछ हो गया तो किसके सहारे जिऊँगी मैं?' दोनों की बातें सुन अब माँ ने हस्तक्षेप किया।

'माँ, किसी को तो चिंता करनी पड़ेगी। अगर सब लोग अपने बारे में ही सोचते रहे, अपने स्वार्थों में ही डूबे रहे, इसी तरह डरते-भागते रहे तो सब बरबाद हो जाएगा।' और वीरू ने खड़े होकर माँ के कंधों

पर हाथ रख दिया।

'तेरे बेटे के साथ ऊपरवाले का आशीर्वाद है। कुछ नहीं होगा मुझे। समझी तू!' माँ की आँखों में आँखें डाल वीरू ने हँसते हुए कहा।

उस रात बच्चों के सिवाय किसी को नींद न आई। सब अपनी-अपनी चिंताओं-दुश्चिंताओं, सोच में डूबे रहे।

सुनीता को आज न जाने क्यों रह-रहकर अपनी माँ की याद आ रही थी। वीरू का रिश्ता उनकी बेटी के लिए आने पर कहे गए उनके शब्द उसके कानों में गूँज रहे थे।

'जिसके सौ दुश्मन हों वो मेरी बेटी की क्या रक्षा करेगा।'

तो क्या माँ ने ठीक कहा था। वीरू के जीवन पर उसके दुश्मनों का वाकई खतरा मँडरा रहा है।

क्या उसकी और उसके बच्चों की जिंदगी भी सुरक्षित नहीं अब? अगर वीरू को कुछ हो गया तो वह कहाँ जाएगी? क्या करेगी? उसके बिना जीवन की तो कल्पना भी नहीं कर सकती वह।

एक मन अपने और अपने परिवार के बारे में सोचता तो दूसरा मन गाँव की कायापलट कर देनेवाले वीरू के प्रति गर्व से भर उठता। सब जानबूझकर ही तो उसने वीरू से विवाह के लिए हामी भरी थी। फिर अब मन में ये कमजोरी, ये दुविधा क्यों?

इसी ऊहापोह में रही सुनीता सारी रात। समझाने का कोई असर न होगा वीरू पर, यह तो वो समझ ही चुकी थी। ऐसे में अपने आप को ईश्वर और परिस्थितियों के हवाले छोड़ना ही बेहतर विकल्प था।

उधर वीरू शराब माफियाओं के बढ़ते हौसले के बारे में सोच रहा था। पहले उसे धमकियाँ न मिली हों, ऐसा भी न था। थोड़ी-बहुत हाथापाई करने का प्रयास कर उसे डराने की कोशिश भी की गई थी,

लेकिन उसकी परिणति इस रूप में कभी न हुई।

अब किसकी शह पर ये सब हो रहा है? किसी कुल्लू भाई का नाम ले रहे थे वे लोग। शाम को हुई घटना उसकी आँखों में घूम गई। शाम का अँधेरा छाने से पहले ही तीन-चार लड़के धड़धड़ाते हुए उसकी दुकान में घुस आए थे। उस समय दुकान में कोई भी ग्राहक न था।

'क्या चाहिए आपको?' उन्हें एक-एक सामान उलटते-पलटते देख वीरू ने पूछा।

'देख रहे हैं, क्या-क्या रखता है तू अपनी इस दुकान में।' एक ने पास में रखी दाल की थैली पलटते हुए कहा।

ये कैसी भाषा बोल रहे हैं ये लोग। मन में शंका हुई। ग्राहक तो बिलकुल नहीं हैं ये।

'ओए, दारू नहीं बेचता क्या?' वीरू अभी सोच में ही डूबा था कि दूसरे ने सवाल किया।

'अरे, ये तो दूध पीता बच्चा है! दारू कैसे बेच सकता है?' उनमें से एक ने कहा और सभी ठहाका मारकर हँस दिए।

'तमीज से बात कीजिए आप लोग। आपको जो चाहिए वो इस दुकान में नहीं मिलता तो चले क्यों नहीं जाते यहाँ से?' कहते हुए वीरू ने इधर-उधर देखा। उठकर दुकान के बाहर भी देखा, लेकिन कोई भी नजर न आया। अगर यहाँ उन्होंने कुछ बदतमीजी कर ही दी तो कोई बचाने भी नहीं आएगा।

परिस्थिति की विकटता भाँप उसने अपना स्वर यथासंभव संयमित रखने का प्रयास किया।

'अरे, तू नहीं बेचता तो मत बेच, लेकिन औरों का क्यों नुकसान

करता है? सँभल जा अभी भी, वरना...'

'वरना क्या...?'

और वीरू के इतना कहते ही तीनों-चारों उस पर टूट पड़े। वह मारते जाते और बड़बड़ाते जाते।

'कुल्लू भाई का इतना ही आदेश था, वरना अब तक तो तेरी बोटियाँ जंगली जानवर चबा रहे होते।'

और उसको लहूलुहान छोड़ वे गालियाँ बकते दुकान से बाहर निकल गाड़ी में बैठ चले गए।

'ये कुल्लू भाई कौन होगा? पहले तो कभी नहीं सुना इसका नाम।' वीरू सोच में पड़ गया। यह नया दुश्मन उसे ताकतवर और दुःसाहसी प्रतीत हुआ।

लेकिन जो भी हो, लड़ना तो पड़ेगा ही। अपनी मेहनत को यों ही बरबाद नहीं होने देगा वह। उसे वह समय याद आ गया जब गाँव में अधिकांश लोग कच्ची-पक्की जैसी भी शराब मिल जाए उसके आदी थे। शाम होते ही शराब के नशे में झूमते, गाली-गलौज करते। और अगर मौसम खराब हो तो सुबह से ही पीने का बहाना मिल जाता।

यद्यपि एक समय वह भी था जब शराब पीनेवालों को हेय दृष्टि से देखा जाता था; लेकिन अब तो यह शौक और प्रतिष्ठा का सूचक बन गया है। शादी-ब्याह हो या अंतिम संस्कार वही बड़ा माना जाता है, जिसने सबका गला शराब से तर कर दिया हो।

नई पीढ़ी को तो शराब ने बिलकुल ही बरबाद कर दिया था। युवा पूरी तरह नशे के आदी होते जा रहे थे।

वीरू जब शहर में पढ़ रहा था तो उसने कई लोगों को पहाड़ में शराब के प्रचलन को लेकर व्यंग्य करते सुना था। सुनकर उसका खून

खौल उठता। लेकिन उनसे बहस करने की स्थिति में नहीं था वह। जानता था, उनके व्यंग्य में कहीं-न-कहीं सच्चाई भी है।

यह हकीकत देख वीरू के कानों में शहर में सुनी बातें गूँज जातीं और मन छटपटा कर व्याकुल हो उठता। एक पल के लिए सबकुछ सच लगता। अब इस हकीकत को झूठ में कैसे बदले वीरू? कैसे सिद्ध करे कि जो वे लोग कहते थे, वह सब झूठ था? उन्हें किस मुँह से समझाए कि वीरू का पहाड़ ऐसा नहीं और वहाँ के लोग भी ऐसे नहीं।

पहाड़ में महिलाओं के कर्मठ और पुरुष के नाकारा होने के जुमले भी खूब प्रचलित थे बाहर। उनकी धारणा के अनुसार, पहाड़ के पुरुष ताश खेलने, गपबाजी करने और नशे में अपना समय व्यतीत करते हैं। जबकि महिलाएँ ही घर-बाहर दोनों का काम सँभालती हैं।

वीरू जानता था कि पहाड़ की महिलाएँ कर्मठ हैं; लेकिन पुरुष नाकारा हैं, ऐसा भी नहीं था। पहाड़ का पुरुष या तो नौकरी की तलाश में शहरों में भटक रहा है या फौज में भरती हो सीमा पर दुश्मनों से देश की रक्षा कर रहा है। अपने-अपने क्षेत्रों में कुशलता से काम कर अपनी क्षमता का परिचय दिया है पहाड़वासियों ने। सीमा पर दुश्मनों से लड़ते हुए खुशी-खुशी अपने प्राणों का उत्सर्ग करनेवाला पहाड़ी युवा कैसे नाकारा कहलाया जा सकता है?

गाँव में रह गए हैं कुछ सेवानिवृत्त बुजुर्ग और संसाधनहीन युवा, जो कुछ तो कमजोर आर्थिक स्थिति के हैं और कुछ पढ़ाई भी पूरी न कर पाए। ऐसे ही कुछ नवयुवक इन शराब तस्करों के हाथ की कठपुतली बन क्षेत्र को बदनाम कर रहे थे।

पढ़ाई पूरी करके जब वीरू वापस गाँव आया था तो उसने गाँव को एक आदर्श गाँव बनाने का सपना सँजोया था। उद्यमिता का पाठ

समझाकर गाँव से युवाओं का पलायन रोकने के लिए यहीं स्वरोजगार के साधन उपलब्ध कराए जाएँ, यही उसका सपना था। पहाड़ में नशाखोरी को लेकर अनर्गल बातें करनेवालों का मुँह वह बंद करना चाहता था। अपने गाँव से आरंभ कर उसने आस-पास के सारे क्षेत्र की ही कायापलट कर डाली थी।

लेकिन उसके इस प्रयास से हुए सुधार की छाया दूरस्थ क्षेत्रों तक पहुँच पाई हो, ऐसा भी न था।

वर्षों से चली आ रही पलायन की अपसंस्कृति किसी एक क्षेत्र की सफलता से समाप्त होने वाली न थी। ऊपर से शराब की लत ने शराब तस्करों के हौसले बुलंद किए हुए थे। उनकी जड़ें इतनी गहरी थीं कि उन्हें उखाड़ने के लिए हर क्षेत्र में वीरू जैसे सैकड़ों नौजवानों की आवश्यकता थी।

और वीरू अब ऐसा करने की सोच ही रहा था कि उसका अपना ही गाँव अशांत हो गया। अब तो पहले इनसे निबटना उसकी प्राथमिकता हो गई थी।

इसी उधेड़बुन में आधी रात से ऊपर का समय हो गया होगा। वीरू के बासी जख्म अब टीस पैदा कर रहे थे। एक नए संकल्प की प्रतिज्ञा कर वीरू ने सोने का प्रयास किया।

इन दोनों के अलावा एक और प्राणी भी था, जिसकी आँखों में आधी रात होने के बावजूद नींद का नामोनिशाँ तक न था। और वो थी वीरू की माँ। बेटे की खून से सनी कमीज बार-बार याद आती तो लगता जैसे उसके कलेजे को किसी ने चीरकर रख दिया हो। मन के साथ-साथ न जाने क्यों उसे अपना तन भी दुखता महसूस हो रहा था। ऐसा लग रहा था जैसे वीरू के जिस्म के घाव उसके अपने हों।

कच्ची उम्र में ही पति को खो देने के बाद वीरू पर ही उसकी निगाहें टिकी थीं। बेटे की परवरिश में उसने अपने आपको इतना व्यस्त कर लिया था कि उसे दीन-दुनिया की कोई खबर ही न रहती। गाँव में ही रहनेवाले बुरे लोगों की निगाहों से उसने अपने आप को ऐसे बचाकर रखा कि सभी लोग उसकी सच्चरित्रता का उदाहरण देते।

उसकी मेहनत और उसकी तपस्या का फल वीरू के रूप में उसके सामने था। जो भी मिलता, वही उसकी प्रशंसा करता।

'तुम्हारे पुण्य और पित्रों के आशीर्वाद का फल है तुम्हारा बेटा। भगवान् ऐसा बेटा सबको दे।' उसके गाँव के रिश्ते से देवर लगने वाले गुँदरू ने एक दिन कहा तो भागुली को पति की मृत्यु के कुछ दिन बाद का यही गुँदरू याद आ गया।

रात्रि के घोर तिमिर में एक दिन नशे में चूर यही गुँदरू भागुली की मदद के लिए आ पहुँचा था।

'भाभी, तुम चिंता मत करना किसी बात की। मैं हूँ न! अपना ही समझना मुझे। कोई भी काम हो तो बता देना।' लड़खड़ाती जुबान और काँपती टाँगें लिये सुर्ख आँखों से गुँदरू उसे घूर रहा था।

भागुली डर गई, लेकिन फिर भी हिम्मत से काम ले उसने बड़ी चतुराई से उसे बाहर का रास्ता दिखा दिया।

'जिसे खड़े होने के लिए भी किसी की सहायता की आवश्यकता हो, वह मेरी क्या सहायता करेगा।' भागुली ने सोचा और उसकी दृष्टि की लोलुपता भाँपकर उसका रोम-रोम घृणा से सिहर उठा।

मुँह में भर आए पानी को उसने घृणा से थूका, मानो उसी के मुँह पर थूक रही हो और अंदर आ साँकल लगा ली।

उस दिन से उसने नियम बना लिया था कि अँधेरा होने के बाद

कोई भी आए वो दरवाजा नहीं खोलेगी। वैसे तब तो उनका घर भी बीच गाँव में ही था। विकट परिस्थितियों में सहायता भी मिल जाती; लेकिन ऐसी नौबत ही क्यों आने दी जाए। फिर जवान विधवा पर उँगली उठते भी देर न लगती।

इसी वीरू को अब ये किसकी नजर लग रही। कहीं ऐसा न हो, मार-पिटाई से आरंभ हुई ये बात आगे बढ़ जाए? नहीं-नहीं, ऐसा नहीं होगा। अपने विचारों से वह स्वयं ही डर गई।

तीनों लोग अपनी-अपनी चिंताओं, अपने-अपने संकल्पों में डूबे सुबह होने की प्रतीक्षा करते रहे।

□

छह

इन कारनामों की खबर अपने कुल्लू भाई तक पहुँचाकर सभी खुश थे। बढ़-चढ़कर वे अपनी बहादुरी के किस्से अपने कुल्लू भाई को सुना रहे थे।

कुल्लू सुन रहा था, इतने वर्षों से इस धंधे में रहकर पूरी तरह पक चुका था, तप चुका था वह। समझ रहा था कि छोटी सी मार-पीट से अति उत्साहित हो रहे हैं ये लोग।

वीरू के बारे में उसने जितना सुना है, उससे तो नहीं लगता कि वह इतनी जल्दी हार मान जाएगा। हाँ, थोड़ा सा डर जरूर गया होगा।

अब यही उचित समय है उस पर ताबड़-तोड़ प्रहार करने का। यह कमान अब उसे स्वयं अपने हाथों में लेनी होगी।

उसे माँ का एक बार फिर खयाल आया। अब तो माँ ही उसका सहारा बन सकती है। किंतु वह तो शायद बहुत नाराज होगी उससे। हो सकता है, पहचाने भी नहीं। लेकिन कुछ भी हो, आखिर है तो माँ ही।

अपने इकलौते बेटे को कैसे भूल सकती है माँ। एक बार जाकर उनके पैर पकड़ लेगा तो उनकी ममता स्वतः ही उमड़ आएगी। अपनी सोच पर मन-ही-मन प्रसन्न हुआ कुलदीप।

कितना खुदगर्ज हो जाता है इनसान कभी-कभी। अपने फायदे के

लिए माँ जैसे पवित्र रिश्ते को भी नहीं बख्शता वह। वह माँ, जिसने नौ माह तक बिना किसी स्वार्थ के बच्चे को अपनी कोख में रखा, प्रसव वेदना को झेला। स्वयं गीले में सो बच्चे को सूखे में सुलाया। अपने मुँह का निवाला भी बच्चे को खिला दिया। वही बच्चा अपने क्षुद्र स्वार्थ के लिए माँ का इस्तेमाल करने से भी नहीं चूकता। पर माँ तो माँ है। पुत्र कुपुत्र हो जाए, पर माता कुमाता नहीं हो सकती। 'कुपुत्रो जायेत क्वचिदपि कुमाता न भवति' को चरितार्थ करती माँ अपना सर्वस्व अपनी संतान के लिए न्योछावर कर देती है।

आज एक बार फिर कसौटी पर थी सुंदरा की ममता। कैसे निपटेगी वह ऐसी स्थिति से। बेटे को अपनाकर अपनी ममता भरी छाँह में ले लेगी या उसके कृत्यों की सजा दे, उससे एक बार फिर नाता तोड़ लेगी। ये भविष्य के गर्त में छुपा था।

शाम का धुँधलका छाने लगा तो सुंदरा ने कमरे के एक कोने में रखी लालटेन निकाल ली। धीमे से हांडी निकाल उसे कपड़े से चमकाया। दिप-दिप करती लालटेन जल उठी और उस खँडहर हो चुके कमरे का अँधियारा मिट गया।

सारे गाँव में जहाँ अब बिजली के लट्टू जगमगा रहे थे, वहीं सुंदरा के घर का अँधियारा आज भी लालटेन या चिमनी की रोशनी से ही दूर होता। गाँववालों ने कई बार बिजली का कनेक्शन लेने को कहा भी, लेकिन सुंदरा को कभी इसकी जरूरत ही महसूस नहीं हुई। कोई ज्यादा ही जिद करता तो वह पलटकर कह भी देती, 'जब जीवन में चारों तरफ अँधियारा हो तो लाख बल्बों की रोशनी भी मन में उजियारा नहीं कर सकती।'

सुंदरा ने तुलसी के पेड़ के पास जाकर दीया जलाया और दो-चार

लकड़ियाँ समेट चूल्हा जलाने की तैयारी करने लगी। साँकल खड़कने की सी आवाज सुन सुंदरा चौंकी। लेकिन फिर अपने काम में जुट गई।

'कौन आएगा उसके पास इस समय?'

लेकिन दोबारा थोड़ा तेजी से साँकल खड़कने की आवाज आई तो वो उठ खड़ी हुई।

दरवाजा खोला। अँधेरे में खड़ी छाया नजर आई।

'कौन है?'

'मैं हूँ।'

'मैं कौन?'

'पहले अंदर तो आने दे, तब बताता हूँ।'

छाया अपना परिचय अंदर आने के बाद ही देना चाहती थी।

डर की भावना तो सुंदरा के मन से न जाने कब की निकल चुकी थी। ऐसा था भी क्या उसके पास, जिसे कोई चुराने आता; लेकिन फिर भी वह अंदर जा लालटेन उठा लाई। उसे थोड़ा ऊपर उठा आगंतुक को पहचानने का प्रयास किया।

आगंतुक तब तक अंदर आ चुका था। थोड़ी देर लालटेन की रोशनी में उसे पहचानने का प्रयास करती रही। लालटेनवाला हाथ काँपा और इससे पहले कि लालटेन उसके हाथ से छूट जाती, आगंतुक ने उसे थाम लिया।

कैसे भूल सकती थी वो उस चेहरे को? भले कितने ही बरस हो जाएँ, अपनी कोख से जने का चेहरा कैसे भूल सकती है कोई माँ?

कुलदीप, हाँ, वही तो था। लेकिन ये तो पूरा बदल गया। कैसा साहब जैसा लग रहा है। एक पल को उसे देख मन में ममता उमड़ आई। कुलदीप भी अंदर आकर कमरे में पड़ी चारपाई पर बैठ गया था।

चारपाई भी क्या थी झूला था, पूरा। नारियल के रस्से से बुनी हुई चारपाई वर्षों से कसी नहीं गई थी। कुलदीप के इस अप्रत्याशित आगमन ने सुंदरा की जुबान पर ताले डाल दिए।

ममता का ज्वार कम हुआ तो पिछली सारी बातें चलचित्र की भाँति आँखों में घूम गई।

'अब क्यों आया है तू?' सुंदरा ने मन को कड़ा किया और संतुलित स्वर में कुलदीप से पूछ ही लिया।

माँ के स्वर की कठोरता सुन कुलदीप चौंका। ध्यान से उनके चेहरे की ओर देखा। मोह-ममता के कोई भी भाव उनके चेहरे पर मौजूद न थे। स्वर की कठोरता चेहरे पर भी स्पष्ट दिखाई दे रही थी।

'माँ... मैं...।' कुलदीप हकला गया।

'मर गई तेरी माँ और मेरे लिए तो तू उसी दिन मर गया था जिस दिन किसी का खून बहाकर भागा था तू।'

कुलदीप ने एक बार फिर माँ की ओर देखा। कुलदीप द्वारा बहाया लहू जैसे उनकी आँखों में उतर आया था। कुलदीप ने निगाहें झुका लीं।

बड़े-बड़े अपराधियों और प्रभावशाली लोगों से निपटनेवाला कुलदीप सामने बैठी जीर्ण-शीर्ण काया के सामने नतमस्तक था। आँखें ऊपर न उठती थीं।

घुटनों पर हाथ धर सुंदरा धीरे से उठ खड़ी हुई, लालटेन उठाई और आहिस्ते से चल दरवाजे के पास आ खड़ी हुई। साँकल हटा दरवाजा खोलकर कुलदीप को वहाँ से निकल जाने का संदेश दे दिया।

कुलदीप उठकर चला आया। माँ नाराज होगी, गुस्सा करेगी, इसका अनुमान तो था उसे, लेकिन ममता का गला घोंट वो इस तरह उसे घर से निकाल देगी, ऐसा उसने स्वप्न में भी नहीं सोचा था।

पर फिर भी उसने उम्मीद का दामन नहीं छोड़ा। माँ धीरे-धीरे जरूर पिघल जाएगी, ऐसा उसका अटूट विश्वास था।

दरवाजा बंद कर सुंदरा चुपचाप फिर वहीं चूल्हे के पास आकर बैठ गई। क्षण भर पहले का कठोर चेहरा द्रवित हो उठा। मन का लावा आँखों से फूट निकला।

'किस जन्म की दुश्मनी निकाली इस लड़के ने मुझसे? मैं तो कब से उसे मृत मान अपना जीवन-यापन कर रही थी। अब क्यों वापस आया ये? मुझे ये याद दिलाने कि मेरा एक नालायक बेटा भी है?'

सुंदरा रोती और स्वयं से ही प्रश्न करती। जब रोते-रोते थक गई और आँसू भी सूख गए तो निढाल हो बिस्तर पर जा पड़ी। भूख-प्यास तो उसकी पहले ही मर चुकी थी।

कुलदीप के साहबी ठाट देख मन में एक क्षीण आशा जगी। 'क्या पता, उस एक अपराध के बाद सुधर गया हो और अच्छा काम कर रहा हो।'

लेकिन दूसरे ही क्षण मन के दूसरे कोने से आवाज आई। 'अगर अच्छा काम कर रहा होता तो इतने वर्षों तक घर वापस नहीं आता क्या?'

'क्या पता, जो जुर्म वह करके गया था, उसकी शर्म के कारण न आया हो।'

सुंदरा अपने आप से ही सवाल पूछती और फिर उसका जवाब भी दूसरे सवाल में ढूँढती। अंततः भावनाओं पर इतने वर्षों के संघर्ष ने विजय पाई और सुंदरा ने कुलदीप को माफ न करने का निश्चय कर लिया।

□

सात

पूरे दो दिन घर पर ही रहना पड़ा वीरू को। बासी दर्द की पीड़ा से पूरे बदन में रह-रहकर टीस उठ रही थी। उठना चाहा लेकिन माँ और सुनीता दोनों ने उठने न दिया।

थोड़ी-थोड़ी देर बाद माँ दूध में कच्ची हल्दी डाल पिला जाती और साथ में उन अनजान लोगों को भी कोसती जाती जिन्होंने उसके निर्दोष बेटे की इतनी निर्ममता से पिटाई कर दी थी।

'माँ, क्यों उनको गाली देकर अपने मुँह का स्वाद खराब कर रही है? देख तो बिलकुल ठीक हूँ मैं।' माँ का बड़बड़ाना सुन वीरू ने मजाक के लहजे में कहा।

'ठीक हूँ मैं!' माँ ने उसकी नकल उतारी 'हालत देख जरा अपनी। जगह-जगह नील उभर आए हैं और इतना खून बह गया, सो अलग। भगवान् उन लोगों को नरक में भी चैन न दे, जिन्होंने मेरे बेटे के ये हाल किए।' और उनकी आँखों से आँसू बह निकले।

'अरे माँ, एक तो कह रही है, नरक मिले और दूसरी ओर कह रही है, चैन न मिले। अरे नरक में कहीं चैन मिलता है क्या' वीरू इस बोझिल माहौल को हलका बनाने की कोशिश कर रहा था।

'हर बात में मजाक। अरे, कभी तो अपनी सुध लिया कर।' और

माँ बड़बड़ाती हुई बाहर निकल गई।

'क्यों परेशान कर रहे हो माँ को? पता है, माँ का दिल अपनी औलाद के लिए कितना कमजोर होता है।' माँ को आँसू पोंछते बाहर निकलते देख सुनीता ने भी वीरू को मीठी झिड़की दी।

'कितना कमजोर, तुम बताओ तो।' वीरू अब सुनीता से चुहल पर उतर आया।

ऐसा नहीं था कि वह स्थिति की भयावहता से अनभिज्ञ था या उसे हलके में ले रहा था, लेकिन अनावश्यक रूप से घर में वह भय का वातावरण नहीं पैदा करना चाहता था। इसलिए वह यथासंभव अपने दर्द को छुपा सबको खुश रखने की कोशिश में लगा था।

'तुम क्या जानो माँ की पीड़ा। चोट बच्चे को लगती है और दर्द उसे होता है। बच्चा कितना भी बड़ा हो जाए, माँ के लिए छोटा ही रहता है।' सुनीता गंभीर हो गई। स्वयं भी माँ थी वह कैसे न समझती माँ की पीड़ा।

पीड़ा तो उसकी भी कम न थी। जिस व्यक्ति के लिए घर-बार माता-पिता सब छोड़कर नई जिंदगी बसाने का सपना लिये वह चली आई। आज उसी का जीवन उसे खतरे में लग रहा था। आखिर जिसकी छाँह में अपनी सुरक्षा का दारोमदार हो, उसी के जीवन पर मँडराता खतरा भाँप किस पत्नी को पीड़ा नहीं होगी।

वीरू के हर मिशन में सुनीता कंधे से कंधा मिलाकर खड़ी रहती। वीरू जहाँ गाँव व आसपास के क्षेत्र में अधिक व्यस्त रहता, वहीं घर की सारी जिम्मेदारी सुनीता के कंधों पर आ पड़ती। बच्चों के पालन-पोषण से लेकर उन्हें सुसंस्कार देने में सुनीता कोई कोर-कसर नहीं छोड़ती कभी वीरू से घर और बच्चों को समय न दे पाने की उसने शिकायत नहीं की।

स्वयं भी सुनीता महिला मंगल दल से जुड़कर वीरू के सामाजिक विकास के सपनों को साकार करने में मदद कर रही थी।

लेकिन वीरू पर हुए इस अप्रामाशित हमले ने उसके मनोबल को कमजोर तो किया ही, साथ ही उसके अंदर असुरक्षा की भावना ने भी अंकुरित होना आरंभ कर दिया।

पर इस खौफ को उसने वीरू के सामने प्रकट नहीं होने दिया, क्योंकि वह जानती थी कि दृढ़ इच्छा-शक्तिवाले वीरू के सामने इस डर को प्रकट कर देने से भी वह अपने मार्ग से नहीं हटेगा।

इधर, इन दो दिनों में जिसने भी वीरू पर हमले की बात सुनी उसकी मिजाजपुर्सी के लिए चला आया। और फिर जितने मुँह उतनी बातें।

अधिकांश लोग उसे उन लोगों से दूर रहने की ही सलाह देते। महिलाएँ, माँ, पत्नी और बच्चों का हवाला देतीं तो पुरुष इन ताकतवर लोगों से भिड़कर व्यर्थ में चोट न खाने की नसीहत दे जाते।

'अरे बेटा वीरू, तू उन लोगों को नहीं जानता। उनके पास पैसा है, हथियार हैं, गुंडे हैं। मत ले उनसे दुश्मनी।' गुँदरू चाचा ने तो ऐसे समझाना शुरू किया मानो वह उनसे मिलकर ही आ रहे हों।

'होगा चाचाजी, सबकुछ होगा उनके पास। लेकिन उनके ऊपर भी कोई है। पुलिस है, कानून है।' वीरू ने तर्क दिया।

'तुझे सरेआम पीटकर चले गए। क्या कर लिया पुलिस ने? आज घायल कर दिया, कल जान भी ले सकते हैं।'

'इतना आसान नहीं है किसी की जान ले लेना। और अभी मैंने पुलिस में रिपोर्ट करवाई ही कहाँ है, जो कार्रवाई हो।'

'तो क्या अब तू पुलिस में रिपोर्ट भी करवाएगा? अरे, जो हो गया

उसे भूल जा। क्यों दुश्मनी बढ़ा रहा है?' पुलिस में रिपोर्ट करने की बात सुन सुंदर ताऊ डर गए।

वीरू लोगों की जितनी कायरतापूर्ण बातें सुनता। उतना ही उसका विश्वास दृढ़ होता जाता। अधिकांश लोगों का एक ही खयाल, एक ही विचार। कितने डरे हुए हैं ये लोग? एक खराब आदमी सौ भले आदमियों को डराता है और लोग घुटनों में मुँह डाले छुप जाते हैं।

कितनी डरावनी है लोगों की ये उद्देश्यहीन जिंदगी। कुंद हो गया है सारा समाज। अगर सब लोग अपनी ताकत पहचान एकजुट हो बुराई का मुकाबला करें तो कोई अपराधी सिर उठा ही नहीं सकता। लेकिन लोग अलग-अलग उँगलियों की तरह रह डरना जानते हैं, मुट्ठी बंद कर लड़ना नहीं।

इसी डर का फायदा उठाकर असामाजिक तत्त्व सीना तानकर घूमते हैं। कोई एक भी यदि उनके विरुद्ध मुखर होने का प्रयास करता है तो डरा-धमकाकर उसे चुप करा दिया जाता है। और उस एक आदमी को दी गई धमकी से खौफ खा पूरा समाज चुप बैठ जाता है।

यही हुआ वीरू के साथ भी। उस पर हमला क्या हुआ, सारे इलाके में दहशत फैल गई। दो दिन बाद जब वीरू थोड़ा उठने लायक हुआ तो सबसे पहले पटवारी चौकी में जा अज्ञात व्यक्तियों के विरुद्ध मार-पीट की रिपोर्ट लिखवा आया।

लेकिन ये क्या, इसके बाद तो उसे लोगों के व्यवहार में अचानक बदलाव दिखाई देने लगा। उसके रोज के मिलने-जुलनेवाले लोग अब उससे कन्नी काट रहे थे, जैसे वह कोई बड़ा अपराधी हो।

वीरू समझ गया था कि इस बुराई से लड़ने में उसका साथ देनेवाले लोग बहुत कम हैं। जब तक सब ठीक चलता रहा, लोग

वाहवाही करते रहे और अब जब जान पर खतरा बन आया तो घरों में दुबक रहे हैं। समझ गया वीरू कि कायर और डरपोक लोगों की फौज से किसी बदलाव की उम्मीद करना बेमानी होगा।

फिर भी, दृढ़ निश्चयी वीरू ने अपना रास्ता न बदला। कोई साथ दे न दे, वह अपनी मंजिल की ओर बढ़ता रहेगा। मुकाबला करेगा। डर इनसान को मार देता है। डरा हुआ आदमी मरे हुए के समान है। एक बार जब डर दिल में बैठ जाता है तो इनसान अपनी परछाई को भी भूत समझ भय खाने लगता है। इसलिए लोगों के मन से डर को निकालने के लिए उसे एक और प्रयास करना होगा। जब तक किस्मत में जीवन लिखा होगा, कोई बाल भी बाँका नहीं कर सकता।

राजस्व पुलिस के प्रयासों से क्षेत्र में मौजूद दस-बारह संदिग्ध लोगों को गिरफ्तार कर वीरू को उनकी शिनाख्त के लिए बुलाया गया।

'तुम पहचान लोगे उन लोगों को जिन्होंने तुम पर हमला किया था?' सुनीता ने दबी जुबान में पूछा। जानती थी, ऐसा कर वीरू एक नई लड़ाई को जन्म दे रहा है। मन-ही-मन डर भी रही थी वह।

'हाँ-हाँ, क्यों नहीं? उन्हें तो कोई हजारों लोगों की भीड़ में भी पहचानने को कहे तो मैं पहचान लूँगा।' सुनीता की मनःस्थिति से अनजान वीरू के स्वर में उत्साह था।

'लेकिन उस समय तो अँधेरा था।' न चाहते हुए भी सुनीता का स्वर कँपकँपा गया, जिसे वीरू ने भी महसूस किया। सुनीता की पीठ उसकी ओर थी।

दोनों हाथों से उसके कंधे पकड़कर उसने उसका चेहरा अपनी ओर घुमा दिया। सुनीता की आँखों से आँसू बह निकले।

'तुम भी डर कर भागने लगीं?' वीरू के स्वर में वेदना थी' 'तुम

ही ऐसा करोगी तो कौन साथ देगा मेरा? कौन उत्साह भरेगा मेरे मन में?'

सुनीता ने कातर निगाहों से वीरू की ओर देखा। उसके आँसू पोंछ वीरू ने उसे सीने से लगा लिया। मजबूत बाँहों के घेरे में सुनीता नन्हें छौने की तरह सिमट गई। बाँहों के इस मजबूत घेरे और सीने की गरमाहट ने सदा ही सुनीता को सुरक्षा दी थी। फिर आज वह विचलित क्यों है?

धीमे से उसने अपने आपको वीरू के बंधन से मुक्त किया और उसकी ओर देख मुसकरा दी।

'मैं डरी नहीं। वो तो बस यूँ ही···।'

उसकी इस हरकत पर वीरू भी अपनी मुसकराहट न रोक पाया। उसका माथा चूम तेजी से बाहर निकल गया।

उसे याद आया, विवाह के कुछ दिन बाद ही सुनीता ने इस रिश्ते के लिए माँ के मन का डर बताया था।

'ठीक ही तो कहा सासजी ने। बहुत लोगों से दुश्मनी है मेरी।' वीरू ने चुटकी ली।

'लेकिन फिर तुमने मुझसे शादी के लिए हाँ क्यों कहा?' वीरू ने सुनीता का मन भी परखना चाहा।

सुनीता ने उस दिन निगाहें नीची कर जो जवाब दिया था, वह आज भी वीरू के लिए प्रेरणा और ताकत का काम कर रहा था। उसने बताया कि उसने वीरू के बारे में पहले से ही सुना था। वह उसके सामाजिक सेवा के कार्यों से बेहद प्रभावित हुई। वह बोली, 'अपने लिए तो सभी लोग काम करते हैं। जो औरों के बारे में भी सोचे, वही सच्चा इंसान है।'

पर आज क्या हो गया? अपना घर-परिवार होने के बाद सुनीता इतनी कमजोर क्यों पड़ गई?

उधर सुनीता भी सोच रही थी कि वीरू की जिस खूबी की कायल होकर उसने उससे बंधन जोड़ा था, आज उसकी उसी खूबी से उसे डर क्यों लग रहा है?

क्या पति-बच्चों से नेह का यह बंधन उसके मन में डर और कमजोरी पैदा कर रहा है? और क्या वह वीरू के पाँवों में भी बेड़ियाँ डालने का प्रयास कर रही है?

'अपने इस डर से वह उबरने का हर संभव प्रयास करेगी।' उसने मन-ही-मन निश्चय किया।

वीरु, पटवारी चौकी पहुँचा। पटवारी उसी की प्रतीक्षा में था। दस-बारह बदमाशों की भीड़ में तीन लोगों को पहचान लिया उसने।

विजयी भाव से मुसकराता हुआ वीरू चौकी से बाहर निकल आया। कानून-व्यवस्था पर पूरा भरोसा था उसे।

कुछ दिनों बाद ही दो और हमलावर पकड़े गए। वीरू की इस हिम्मत पर गाँव और आस-पास के क्षेत्र में कानाफूसियाँ जोरों पर थी। वीरू के इस जवाबी हमले से लोग खुश तो थे, लेकिन खुलकर अपनी खुशी जताने से कतरा रहे थे। लोगों को अभी भी डर था कि देर-सबेर यह शराब सरगना जरूर वीरू को उसकी इस गुस्ताखी की सजा देगा।

लेकिन ऐसा कुछ न हुआ। कई दिन शांतिपूर्वक गुजर गए। वीरू निर्भीक हो अपना काम करता रहा। धीरे-धीरे अन्य लोगों के मन का डर भी दूर होने लगा और एक बार फिर सब इस घटना को भूलकर अपने-अपने काम में जुट गए।

हाँ, वीरू ने सावधानी के लिए एक हॉकी स्टिक जरूर अपनी

दुकान में रख ली थी। स्कूल-कॉलेज के समय में हॉकी का अच्छा खिलाड़ी था वह। स्कूल से हॉकी के प्रति उपजा उसका लगाव कॉलेज तक भी जारी रहा। अपने कॉलेज की टीम का कई बार प्रतिनिधित्व भी किया था उसने। गाँव वापस लौटकर खेलना तो लगभग छूट ही गया, लेकिन फिर भी कभी-कभी स्कूल-कॉलेज के बच्चों को इस खेल के गुर वह जरूर सिखाता।

जो हॉकी स्टिक कभी खेल के मैदान में विरोधियों के छक्के छुड़ाया करती थी, आज वीरू की सुरक्षा का हथियार बनी थी।

कुल्लू के शागिर्दों ने क्षेत्र में आना बंद कर दिया था, लेकिन इस बीच वीरू ने एक नई खबर सुनी थी कि पड़ोस के गाँव की सुंदरा ताई का बेटा वर्षों बाद बहुत बड़ा आदमी बनकर वापस लौटा था। सुना है, बहुत बड़ा कारोबार है उसका शहर में और अब वह उसे गाँव में भी फैलाकर यहाँ के युवकों को रोजगार देना चाहता था।

वीरू को इस खबर से बड़ी खुशी मिली। पहाड़ों से पलायन कर सफल हो चुके युवा अगर इस तरह गाँवों को लौटते हैं, यहाँ रोजगार के साधन मुहैया कराते हैं तो इससे और लोगों को भी प्रेरणा मिलेगी। पहाड़ में रोजगार के अवसर पैदा होंगे तो पलायन घटेगा। यहाँ की प्रतिभाएँ यहीं अपना योगदान देंगी। इससे विकास होगा और खुशहाली बढ़ेगी। उसकी लड़ाई, उसका सपना भी तो यही है।

□

आठ

धंधे के माहिर कुलदीप ने बहुत ही सोच-समझकर अब यह नया पैंतरा खेला था। उसके बाद एक बार फिर कुलदीप माँ से मिलने गया। इस बार रात के अँधेरे में नहीं बल्कि दिन के उजाले में और जानबूझकर उसने अपनी गाड़ी गाँव से कुछ दूर ही छोड़ दी। माँ घर पर ही थी। कुलदीप ने लपककर उनके पैर छू लिये। इस बार बेटे को पहचानने के लिए माँ को लालटेन की रोशनी की जरूरत नहीं थी।

'माँ, मुझे माफ कर दे। मैं बहुत डर गया था। तू जो कहे मैं वो प्रायश्चित्त करने को तैयार हूँ ।' बहुत ही चतुराई से शराफत का जामा ओढ़े कुलदीप ने उनके आगे हाथ जोड़ दिए।

चाहकर भी सुंदरा आज उसे बाहर का रास्ता न दिखा पाई। चूल्हा जला उसके लिए चाय भी बनाई।

कुलदीप ध्यान से देखता रहा। दो प्याली चाय बनाने के लिए कितनी मेहनत करनी पड़ी माँ को। चूल्हा जलाने में ही कितना समय लग गया। उनके लिए एक गैस-स्टोव भिजवाने की इच्छा मन में जगी।

चाय पीने के बाद कुलदीप उठ खड़ा हुआ। सुंदरा ने भी उसे रोका नहीं। उसके लिए इस घर के रास्ते खुल चुके हैं, इतना वह समझ गया था।

पुत्र के प्रति गुस्से और नाराजगी से भरी सुंदरा भी अपने अंदर आए इस परिवर्तन को समझ रही थी।

कुलदीप जब अगली बार आया, माँ के लिए कुछ कपड़े और गैस का चूल्हा भी साथ में थे। 'माँ, मैंने शहर में अपना व्यवसाय कर लिया है। ठीक-ठाक काम है। अपने गाँव में भी काम-धंधा शुरू कर अपने पापों का प्रायश्चित्त करना चाहता हूँ।

माँ कुछ और पिघली। बेटा प्रायश्चित्त करना चाहता है तो उसे अवसर देना चाहिए।

'तू मेरे पास रहेगा यहीं पर?' अगली बार कुलदीप आया तो माँ ने पूछ डाला।

'हाँ···। ना···' कुलदीप हड़बड़ा गया।

'शहर में बहुत काम फैला है। फिर भी जब यहाँ आऊँगा, तेरे पास ही रहूँगा।' आरंभिक हड़बड़ाहट के बाद कुलदीप ने बात सँभाल ली।

आज पहली बार उसका ध्यान घर की दीवारों की ओर गया। वैसे भी घर कहाँ रह गया ये खँडहरनुमा मकान, उसका एक कोना तो पहले ही ध्वस्त हो गया था। बस यही एक कमरा रहने लायक रह गया था, जिसके एक कोने में गोबर-मिट्टी लिपा चूल्हा था तो दूसरी ओर झूलेनुमा चारपाई, जिस पर पड़ा गद्दा भी जगह-जगह से फट गया था और धुएँ से काली पड़ गई रूई की परतें उसमें से झाँक रही थीं। माँ ने रहने को कहा तो कुलदीप को घर की दुर्दशा नजर आई।

इस घर को भी अब ठीक कराना ही पड़ेगा। ऐसे कैसे रह पाएगा वह इस खँडहर में। उसे अपना घर याद आ गया। उसके नौकर भी इस घर से लाख गुना बेहतर घरों में रहते होंगे। पहली बार उसे माँ के प्रति की गई उसकी बेरुखी का एहसास हुआ। लेकिन वह भी तब, जब उसे

स्वयं यहाँ रहना पड़ रहा था।

कुछ दिनों में ही ये खबर सारे गाँव में आग की तरह फैल गई कि सुंदरा का बेटा इतने बरसों के बाद लौट आया है। और आया भी है तो बहुत बड़ा आदमी बनकर।

कुलदीप ने अब खुलेआम गाँव में व आसपास घूमना शुरू कर दिया। बड़े-बूढ़ों से उसने क्षमा माँगी और युवाओं से तो खूब गर्मजोशी से मिला। युवा भी उसकी अमीरी के चुंबक के बलबूते उसकी ओर खिंचे चले आए। नतीजा यह हुआ कि दो-चार दिन में ही वह इन सबसे खूब घुल-मिल गया। बस, इसके साथ ही उसने अब अपने धंधे से मतलब की बातें भी शुरू कर दीं। वह लोगों के मन टोहने लगा, उन्हें सब्जबाग दिखाने लगा और अंततः घूम-फिरकर उसी सवाल पर आ जाता-'भई, ये वीरू कैसा आदमी है? छवि कैसी है उसकी?' आदि आदि। बातचीत से उसे यह लग गया कि गाँव-इलाके में उसकी अच्छी-खासी पैठ है; लेकिन हाल ही में उस पर हुए हमले के बाद लोग बड़े डरे-सहमे हुए हैं, यह भी जान गया था वह।

उसने मौके की नजाकत ताड़ ली। बेरोजगार युवाओं की आँखों में पैसे के लिए ललक तो वह भाँप ही चुका था। बस, यही मौका था जड़ें जमाने का। वह मन-ही-मन कुटिलता से मुसकराया। धीरे-धीरे लोग ही उसके आगे-पीछे चक्कर काटने लगे। वह उनकी मदद में भी रुचि लेने लगा। किसी को जेब खर्चा तो किसी की आड़े वक्त मदद। बाकी गाँव के छोटे-मोटे काम भी करवा देता। दो-तीन महीने में ही उसने अपनी अच्छी साख बना ली।

इस बीच उसने वीरू पर हमले के आरोप में गिरफ्तार अपने सहयोगियों की जमानत भी करवा दी और फिलहाल उन्हें इस क्षेत्र में

न दिखने की हिदायत भी दे डाली।

जिन युवाओं में उसे धन कमाने के लिए कुछ भी कर गुजरने का उत्साह नजर आया, उन्हें उसने शहर में छोटी-मोटी एजेंसी दिला डाली, साथ ही सामान लाने व ले जाने के लिए वाहन भी।

अब तो पूरे गाँव में कुलदीप की जय-जयकार होने लगी। कल तक जो लोग सुंदरा की हालत देख उसके लड़के को कोसते नहीं थकते थे वे उसके आज इतना बदल जाने से उसकी तारीफ करते नहीं अघा रहे थे।

'अभागन माँ का बुढ़ापा सुधार दिया इसने।'

लोग सुंदरा से कहते तो उसकी आँखों में भी चमक उभर आती। आजकल कुलदीप बगल में खाली पड़ी जगह पर मकान बनवा रहा था। सुंदरा खुश थी, बेटा अब उसके पास रहेगा। इतना बड़ा हो गया, अब तक घर भी नहीं बसाया। देर-सबेर उसकी शादी होगी तो बहू के लिए दो-चार कमरों का मकान तो चाहिए ही। माँ भी लगातार कुलदीप पर मकान बनवाने के लिए दबाव बना रही थी, क्योंकि गाँव आकर भी कुलदीप उसके साथ रह नहीं पा रहा था।

इधर, ये सभी खबरें वीरू तक भी पहुँचीं तो वह भी बड़ा खुश हुआ। इस बीच क्षेत्र से पलायन कर गए कुछ और युवा वापस लौट आए। धीरे-धीरे कुलदीप का नाम इलाके भर में फैल गया। जो लोग सीधे कुलदीप के व्यापार से जुड़ गए उनकी समृद्धि के चर्चे भी चारों ओर होने लगे।

'देखो, दो दिन में ही इनकी भी काया-पलट कर दी कुलदीप ने।' अधिकांश बड़े-बूढ़ों के मुँह में यही बात थी आजकल।

चारों ओर कुलदीप की वाहवाही। यूँ तो वीरू के अभियान ने

अधिकांश युवाओं को उससे जोड़ लिया था, फिर भी कुछ कामचोर और खुराफाती किस्म के लड़के, जो पहले गाँवों में खाली बैठे खुराफातें करते, वे भी आज-कल इधर-उधर काम में व्यस्त रहते। लेकिन इसके साथ ही इलाके में अचानक शराब का कारोबार भी फलता-फूलता नजर आने लगा।

पहले-पहले वीरू को यह सब सामान्य लगा, लेकिन कुछ ही दिनों बाद उसे लगने लगा कि क्षेत्र में शराब की उपलब्धता बढ़ रही है। यद्यपि उसके स्वयं के गाँव में ऐसा न था, लेकिन आस-पास के गाँवों में यही हो रहा था।

वीरू फिर हरकत में आ गया। उसने दौड़-भाग कर जानकारी एकत्र करवाई तो पता चला, उसका शक सही है। रातोरात संपन्न हो गए ये युवक अपने व्यापार की आड़ में अवैध शराब का काम कर रहे थे।

क्षण भर के लिए उसका मन कुलदीप के प्रति भी शंका से भर उठा। लेकिन दूसरे ही पल उसने इस शंका को मन से निकाल फेंका। हो सकता है, उसको पता भी न हो कि ये लोग क्या कर रहे हैं।

आपसी मंत्रणा कर वीरू और उसके साथी एक बार फिर अपने अभियान में जुट गए। इन्हीं दिनों प्रारंभ हुई क्षेत्र पंचायतों के चुनाव की सरगर्मी ने कुलदीप को उस क्षेत्र में अपनी जड़ें जमाने का एक सुनहरा अवसर दे दिया। विगत एक-दो चुनावों में तो अधिकांशतः वीरू की सी सोच-समझवाले लोग ही जीतकर आये थे।

कई बार गाँव और आस-पास के लोग वीरू को भी पंचायत का चुनाव लड़ने को समझा चुके थे, किंतु हर बार अपनी व्यस्तता का वास्ता देकर वीरू उनका सुझाव टाल जाता। हाँ, चुनाव प्रचार के समय वह लोगों

को सही प्रत्याशियों को मत देने की पुरजोर वकालत करता। किंतु इस बार कुछ ही दिनों के चुनाव प्रचार में उसे समझ में आ गया कि इस बार उनका मुकाबला धन-बल के बलबूते चुनाव लड़ रहे लोगों से है।

'इसका मतलब क्षेत्र में इस बीच नंबर दो का पैसा खूब आया है। खून-पसीने की कमाई को तो गाँववाले यूँ बेदर्दी से नहीं उड़ाते।' वीरू एक पल के लिए सोच में पड़ गया।

किंतु यह पैसा आया कहाँ से? क्या अवैध शराब के धंधेबाजों ने फिर पैर जमाने शुरू कर दिए हैं? यह विचार मन में आते ही वह चौपट भविष्य की कल्पना मात्र से सिहर उठा।

यदि ऐसे लोग धन-बल के सहारे चुनावी वैतरणी पार करेंगे तो उसकी अब तक की सारी मेहनत एक पल में ही मिट्टी में मिल जाएगी। यही बात उसने अपने कुछ विश्वस्त सहयोगियों को बताई और इस बारे में चुपचाप सूचना एकत्र करने को कह दिया।

'वीरू! विजयपुर का आनंद, वही बाँट रहा है कच्ची शराब। उसे बच्चों का वास्ता देकर समझाना ही पड़ेगा।' सुरू गुस्से से तमतमाया हुआ था।

'आनंद! वही आनंद, आतंकवादियों से लोहा लेते हुए जिसने अपना एक पैर गँवा दिया था?'

'हाँ-हाँ' वही आनंद। फौजी होकर ऐसे काम करने लगा है। उसे तो तू ही समझा पाएगा। हमारी तो वह सुनेगा नहीं।' सुरू के स्वर में हिकारत थी।

'नहीं सुरू! आनंद शराब तस्करी जैसा काम हरगिज नहीं कर सकता ।' आनंद के बारे में यह सब सुनकर वीरू को सहसा विश्वास न हुआ।

‘वीरू भाई, मैंने अपनी आँखों से देखा है उसे शराब की बोतलें गाँव में पहुँचाते हुए।’ सुरू ने विश्वासपूर्वक अपनी बात रखी। किंतु वीरू अब भी यह सब मानने को तैयार न हुआ। फौज का सिपाही आनंद पैर में गोली लगने के कारण समयपूर्व सेवानिवृत होकर घर आ गया था। सुदूर उत्तर-पूर्व में तैनाती के दौरान आतंकियों से लोहा लेते हुए अपंग हुए आनंद को उसकी वीरता के लिए सैन्य पदक व उचित मुआवजा भी मिला था। वही आनंद आज अवैध कच्ची शराब के दलदल में फँस गया होगा, वीरू का मन यह कतई स्वीकार करने को सहमत न था।

कभी-कभी आँखों देखी भी सच नहीं होती, यही सोचकर वीरू ने अपने मन को सांत्वना दी और अगले ही दिन आनंद से मिलने उसके घर पहुँच गया।

आनंद जिस गर्मजोशी से उससे मिला और उसके द्वारा क्षेत्र में किए जा रहे कार्यों की प्रशंसा की, उसको देखकर वीरू को एक पल के लिए भी ऐसा आभास न हुआ कि आनंद शराब तस्करी जैसे कृत्य में लिप्त होगा। आनंद से मिलते हुए वीरू अजीब उलझन में फँस गया था। कैसे पूछे आनंद से कि उसके सामने बड़ी-बड़ी बातें करनेवाला आनंद, आतंकियों से लोहा लेते हुए जान की बाजी लगा देनेवाला आनंद क्यों बदल गया? क्यों आज वही आनंद छोटे-मोटे स्वार्थों के लिए मौत के सौदागरों से हाथ मिला रहा है?

वीरू कुछ देर चुपचाप बैठा रहा। आखिरकार उसे स्वयं कुछ न पूछना पड़ा। आनंद ने स्वयं ही चुनावों में शराब और पैसे के बढ़ते प्रचलन पर बहस प्रारंभ कर दी।

‘वीरू, कच्ची शराब के रूप में जहर का प्याला परोस रहे हैं ये

लोग इन भोले-भाले गाँववासियों को। मैं तो जब से घर आया हूँ, तब से यही देख रहा हूँ। कच्ची-पक्की शराब से घर-गाँव के बूढ़ों के साथ-साथ नादान बच्चों का हलक भी तर करते हुए उन्हें गर्त में धकेल रहे हैं ये मौत के सौदागर।'

'तुम्हें क्या लगता है, कौन पहुँचा रहा है इस जहर को हमारे इन गाँवों में?'

'निश्चित तौर पर तो नहीं कह सकता, किंतु न जाने क्यों मुझे पास के गाँव में कुलदीप और उसके सहयोगियों पर बार-बार शक होता है, गहरी साँस छोड़ते हुए आनंद ने अपनी शंका जाहिर कर दी।

'कुलदीप!' वीरू चौंका। यही संदेह तो उसे भी न जाने कब से था। अब इस संदेह को सच में बदलने की चुनौती थी आनंद और वीरू के समक्ष। उन दोनों के बीच बहुत देर तक इसी विषय पर मंत्रणा होती रही, जिसके बीच में ही आनंद ने बताया कि परसों ही वह गुँदरू काका को कैंटीन से रम लाकर दे आया था।

'कच्ची-पक्की पीकर मर रहे हैं घर-परिवार और गाँव के भोले-भाले लोग। मैंने उन्हें समझाया भी कि अगर पीने का इतना ही शौक है तो कम-से-कम सलीके से तो पिओ। मैं स्वयं तो पीता नहीं। महीने में एक बार कैंटीन से खरीदकर जरूर ले आता हूँ इन लोगों के लिए।'

वीरू की समझ में सारा माजरा आ गया। सुरू ने शायद यही सब सुनकर आनंद पर शक किया हो।

आनंद से मिलकर आज वीरू के मन का बहुत बड़ा बोझ हलका हो गया। आनंद से सहयोग का वादा कर वीरू उससे विदा ले प्रसन्न मन से वापस चला आया।

किंतु वीरू की यह प्रसन्नता ज्यादा दिनों तक न रह सकी। अथक

प्रयासों के उपरांत भी उनके द्वारा समर्थित उम्मीदवार पंचायत चुनावों में अपना कौशल नहीं दिखा पाए और अधिकांश की जमानत जब्त हो गई। वीरू इससे कुछ विचलित तो हुआ, किंतु उसने हार न मानी। दुगुनी ताकत और उत्साह के साथ वह अपने विश्वस्त सहयोगियों को लेकर अपने अधूरे अभियान को मंजिल तक पहुँचाने में जुट गया। इसी अभियान के तहत उन लोगों ने अवैध कच्ची शराब की कई भट्ठियाँ रँगे हाथों पकड़वा दीं।

विरोधी पंचायत चुनावों में अपनी सफलता के मद में चूर थे। विरोधियों की इसी कमजोरी को अपना संबल बनाया वीरू, आनंद और उनके सहयोगियों ने।

इस बीच उन्हें यह भी पता चल गया कि पंचायत चुनावों में जीते लोगों को कुलदीप और उसके साथियों ने दावत दी है, जिसमें शराब-कबाब जी-भरकर परोसा गया। यह सब सुनकर उनका शक यकीन में बदलने लगा। वे लोग अब कुलदीप के खिलाफ पुख्ता सुबूत की तलाश में थे।

गाँववालों के साथ ही पूरे क्षेत्रवासियों के समक्ष उन लोगों का असली चेहरा बेनकाब करने की चुनौती थी उनके सामने। वीरू और उसके साथी अपने अभियान में जी-जान से जुटे हुए थे। नियति उनके विरुद्ध कौन सा खेल खेलने वाली है, इससे बेखबर वीरू और उसके सहयोगी कुलदीप और उसके शागिर्दों पर लगातार नजर बनाए हुए थे। आखिर उन्हें अपने अधूरे मिशन को मंजिल तक पहुँचाना ही था।

शराब की दो-तीन खेप लगातार पकड़े जाने पर कुलदीप बौखला गया। वीरू के इतनी जल्दी सिर उठाने की उम्मीद नहीं थी उसे। उसके अंदर आक्रोश की आग भड़क उठी।

'लगता है, जख्म ज्यादा गहरे नहीं थे, इसलिए फिर उछल-कूद मचाने लगा है।'

कुलदीप अब वीरू से निपटने की तरकीब सोचने लगा- 'क्या हो सकता है इसका इलाज? ऐसे तो यह धंधा ही चौपट कर देगा। क्या एक बार उसे खुद बुलाकर समझाया जाए?'

एक साथ कई सवाल उसे अंदर से मथने लगे। अकसर बेफिक्र रहनेवाला कुलदीप बेचैन हो उठा। वह खुद सामने आकर अपने व्यवसाय का खुलासा नहीं करवाना चाहता था। उसे डर था कि अगर वीरू को वह स्वयं बुलाकर समझाता है तो वो सिरफिरा इसे सार्वजनिक कर देगा। और इस तरह उसका यह कारोबार, जो धीरे-धीरे जम रहा है, वह चौपट हो जाएगा। तो क्या उसे रास्ते से हटा देना ही एक मात्र विकल्प बचा है अब?' अंततः मन पक्का कर अपने विचार को तुरंत अमल में लाने की रणनीति बनाने में जुट गया वह।

शातिर कुलदीप जानता था कि इलाके भर में सारे लोग उसके बारे में अनभिज्ञ हैं।

कोई उसके धंधे-पानी के बारे में नहीं जानता। इसलिए किसी को उस पर शक भी नहीं होगा और हमेशा के लिए रास्ते से काँटा ही हट जाएगा। इसके लिए शहर से लाए गए भाड़े के हत्यारों पर यकीन करना ज्यादा ठीक समझा।

हफ्ते भर वह इलाके में घूमकर जायजा लेते रहे। वीरू की सटीक पहचान के अलावा उसका ठिया और आने-जाने पर पूरी निगरानी रखने के बाद एक दिन इस काम को अंजाम दे दिया गया।

दोपहर बाद का समय था चौक पर रोज की तरह चहल-पहल थी। वीरू अपनी दुकान में व्यस्त था। तभी धड़धड़ाती हुई एक जीप

वीरु की दुकान के सामने रुकी, कुछ लोग उससे तेजी से बाहर निकले और वीरू की दुकान की ओर दौड़े। वह कुछ समझ पाता, इससे पहले ही उन्होंने उसे दबोच लिया। खींचकर सड़क पर लाए और चाकुओं से ताबड़तोड़ वार शुरू कर दिए। चीख-पुकार सुनकर जो जहाँ था वह वहीं दुबक गया। किसी में भी इतना साहस नहीं हुआ कि वह हत्यारों को रोक सके या तुरंत पटवारी चौकी को सूचित करे। वह सरेआम तब तक वीर सिंह पर वार करते रहे जब तक वह लुढ़ककर शांत नहीं हो गया। फिर वे आराम से गाड़ी में बैठे और धमकाते हुए चल दिए। रह गया सिर्फ फर्राटे से भागी कार से उड़ा धूल का गुबार और मरघटी सन्नाटा।

□

नौ

वीरू की दिल दहला देनेवाली इस हत्या को तीन माह गुजर गए, लेकिन लोगों की चुप्पी टूटने का नाम नहीं ले रही थी। और तो और, वह अब वीरू का नाम लेते हुए भी डरते। वीरू के खास दोस्तों ने भी धीरे-धीरे उसके परिवार से किनारा कर लिया।

धीरे-धीरे सुनीता ने घर-बाहर दोनों की जिम्मेदारी सँभाल ली। लेकिन पति की अकाल मृत्यु और ऊपर से उसका न्याय भी न मिलने के दुःख ने उसे अंतर्मुखी बना दिया। वह पूरे दिन मशीन की तरह काम करती, लेकिन हर समय न जाने क्या सोचती रहती। लोगों से उसे पता चला कि हत्यारों को इस गाँव में पहले कभी नहीं देखा न ही वे इसके बाद कभी दिखाई दिए। लेकिन गाली-गलौज के साथ-साथ ही वह किसी कुल्लू भाई का नाम ले रहे थे।

'कुल्लू भाई', ये नाम सोते-जागते सुनीता के दिमाग में कौंधता रहता। वीरू के कुछ दोस्तों ने पता करने की कोशिश की, लेकिन वह भी इस नाम के आदमी का पता नहीं लगा पाए।

सुनीता के दिन का चैन और रातों की नींद खो गई। आँख लगती भी तो सपने में वीरू का वही खून से सना शरीर दिखाई देता। अपना हाथ ऊपर उठाकर वह चिल्लाता, 'मुझे बचाओ, सुनीता।'

हड़बड़ाई सुनीता अपना हाथ बढ़ाती, लेकिन वह हाथ अचानक ही अदृश्य हो जाता।

चिल्लाकर उठ बैठी सुनीता, पसीने से नहा जाती। मन-ही-मन खुद को कोसने लगती। कुछ भी मदद न कर पाई वह वीरू की। और तो और, उसके हत्यारों को सजा भी न दिला पाई।

बहू की यह हालत देख सास और रुआँसी हो उठती। बेटा तो खो ही दिया, अब बहू की भी यह हालत हो गई है। वह दिन-रात समझाती रहती, दो छोटे-छोटे मासूम बच्चों का हवाला देती; लेकिन सुनीता पर जरा भी असर नहीं हुआ।

अपनी जिम्मेदारी निभाने में सुनीता ने कोई कसर नहीं छोड़ी थी, लेकिन हँसना मुसकराना तो वह भूल ही गई थी। बस एक ही रट थी, जो उसे मन ही मन घुन की तरह खाए जाती। क्या किसी की जान इतनी सस्ती होती है? क्या इस घिनौने व्यवसाय की कीमत एक आदमी की जान से भी ज्यादा है? और कानून भी ऐसे आदमी का कुछ नहीं बिगाड़ सकता। पता नहीं कहाँ भटक रही होगी वीरू की आत्मा। धिक्कार रही होगी उसे। न्याय तक न दिला पाई वह उसे। यह पीड़ा गंभीर नासूर की तरह उसे अंदर तक टीस दे जाती।

क्या कर सकती है वह, जिससे उसके वीरू को न्याय मिल सके? उसकी आत्मा को शांति मिल सके। बस यही सोचती रहती वह दिन-रात।

'मैं एक दिन के लिए शहर जाना चाहती हूँ, माँजी।'

अचानक एक दिन सुनीता ने भागुली देवी से यह इजाजत माँगी तो वह चौंक उठी।

अब क्या है उसके मन में? उन्होंने मन-ही-मन सोचा और जाने

का कारण पूछ लिया।

'वहाँ पुलिस के बड़े अधिकारियों से मिलकर वीरू के हत्यारों को पकड़वाना चाहती हूँ।' दृढ़ स्वर में कहे गए ये शब्द भागुली देवी को अंदर तक हिलाकर रख गए।

'देख बेटी, मैंने अपना बेटा खोया है, अब तुझे नहीं खोना चाहती। भगवान् करता है न्याय। वही देगा उन्हें उनके पापों की सजा।' बेटे को खो चुकी भागुली देवी अब बहू को भी खोना नहीं चाहती थी।

'मुझे एक कोशिश और करने दो, माँ।' सुनीता ने गिड़गिड़ाकर हाथ जोड़ दिए। उसकी आँखों से आँसू बह निकले।

"मुझे वीरू के लिए न्याय चाहिए। मैं उनके हत्यारों को फाँसी के तख्ते पर देखना चाहती हूँ। उन्हें सजा मिलनी चाहिए, माँ। ऐसी सजा जिससे आनेवाले समय में कोई इतना वीभत्स गुनाह न कर सके।" सुनीता बोलती रही, रोती रही। थोड़ी ही देर में उसकी सिसकियाँ बँध गईं।

भाव-विह्वल भागुली उसके सिर पर प्यार से हाथ फेरती रही। आज कितने दिन बाद उसकी बहू कुछ खुलकर बोली थी। ठीक ही कह रही है वह कि गुनाहगारों को सजा मिलनी ही चाहिए।

'ठीक है बेटी, जा। अपने मन की यह इच्छा पूरी कर ले। हाँ, सुन, अपने साथ किसी को जरूर ले जाना।'

सास की अनुमति पर अपने पिता को साथ लेकर सुनीता शहर चली आई। दो दिन इधर-उधर धक्के खाने के बाद बड़ी मुश्किल से बड़े अधिकारियों से मिलना हो पाया।

'आप जानती हैं उन लोगों को?' एक अधिकारी ने पूछा।

'जानती हूँ, लेकिन पहचानती नहीं'।

‘क्या मतलब?’

‘जानती हूँ कि अवैध शराब से जुड़े लोग हैं। मेरे पति ने हमेशा उनके नापाक इरादों को नाकाम करने की कोशिश की थी। लेकिन मैं किसी को पहचानती नहीं।’

‘कोई नाम तो जानती होंगी आप? जरा याद करने की कोशिश कीजिए।’

पुलिस अधिकारी असमंजस में थे, क्या दिलासा दें, क्या मदद करें इस दुखियारी की। ‘कुल्लू भाई’, इसी नाम को लेकर पिछले कुछ महीनों से धमकी दिया करते थे गुंडे उन्हें। बिना किसी डर के सुनीता ने अपनी बात कह दी।

इस नाम को सुन अधिकारी चौंके। फिर एक तसवीर मँगाई और सुनीता के सामने रख दी।

‘इनको कभी देखा है आपने?’

‘नहीं सर, कभी नहीं।’

सुनीता ने ध्यान से फोटो देखी, लेकिन उसे लगा नहीं कि इस व्यक्ति को कहीं देखा है।

‘यह कौन है?’ सुनीता ने उन्हीं से पूछ लिया। किंतु उन्होंने सुनीता की बात का कोई जवाब न दिया।

पुलिस अधिकारियों से न्याय का आश्वासन पा सुनीता वापस लौट आई; लेकिन उसके मन में बार-बार यही सवाल कौंध रहा था कि वो तसवीर किसकी थी, जिसे पुलिसवालों ने उसे दिखाया था। और क्यों दिखाया होगा?

रिपोर्ट लिखवाने संबंधी बात न तो सुनीता ने किसी को बताई न ही इसे छिपाने की कोशिश की।

गाँव में यह खबर फैली तो सबने अपने-अपने तरीके से प्रतिक्रिया जाहिर की। जो हितैषी थे, उन्होंने सुनीता को समझाने का प्रयास किया। उसके औरत होने की सीमाएँ समझाईं और बच्चों के भविष्य का वास्ता दिया। और बाकी लोगों ने मजाक बनाने का प्रयास किया।

'वीरू पुरूष होकर हार गया ये तो औरत जात है, अकेली क्या कर लेगी?'

'पति की मौत पर होश खो बैठी है बेचारी।' वगैरह-वगैरह।

सुनीता इन सारी बातों को अनसुना कर जाती। वह पुलिस कार्यवाही की प्रतीक्षा करती रही। लेकिन कुछ न हुआ। हत्यारों की गिरफ्तारी की खबर सुनने को उसके कान तरसकर रह गए।

अब क्या करे वह? गाँव में तो अब साथ देनेवाले गिनती के लोग भी न थे। कोई विरोध करनेवाला न देख अब अवैध शराब के कारोबारियों के हौसले बुलंदी पर थे।

गाँव और आस-पास का माहौल तेजी से बदल रहा था। शाम होते ही नशे में चूर लोगों के आपसी झगड़े और गाली-गलौज के स्वर अकसर सुनाई पड़ते। बुजुर्गों और महिलाओं ने शाम होते ही घर में सिमट जाना सीख लिया था।

कभी इधर तो कभी उधर, घर-गाँव में हर तरफ बहू-बेटियों लड़कियों और महिलाओं से छेड़छाड़ की घटनाएँ बढ़ती ही जा रही थी।

ईमानदार और मेहनती नवयुवक एक बार फिर शहरों में रोजगार के अवसर तलाशने लगे थे तो शराब से जुड़े व्यवसायियों की पौ-बारह थी। वीरू के खास मित्रों ने भी अब अपने काम से काम रखना सीख लिया था। वीरू की हत्या के बाद कुछ तो परिवारवालों का दबाव और कुछ बीवी-बच्चों की चिंता ने उन्हें ऐसा करने पर मजबूर कर दिया था।

इस माहौल से अगर किसी को सबसे ज्यादा फर्क पड़ा था तो वे थीं महिलाएँ और लड़कियाँ। अधिकतर गाँवों में आठवीं तक का ही स्कूल होने के कारण लड़कियों को आगे की पढ़ाई के लिए मीलों दूर जाना पड़ता। रास्ते में जंगल भी पड़ते तो गाड-गधेरे भी। अत्यधिक शराब के सेवन के कारण मतिभ्रष्ट और संस्कारहीन हुए युवा उनसे अभद्रता करने से नहीं चूकते।

एक-दो बार जब इस तरह की घटनाएँ हुईं तो माता-पिता ने लड़कियों को आगे की पढ़ाई के लिए स्कूल भेजना ही बंद कर दिया। एक बार तो घास लेने जंगल गई नीरू भाभी के ही साथ पास के गाँव के एक लड़के ने नशे में बदतमीजी करने का प्रयास किया। वो तो अच्छा हुआ कि उसके शोर मचाने पर आस-पास घास काट रही चार-पाँच महिलाएँ और इकट्ठी हो गईं। दराँती लेकर ललकारती महिलाओं को देख वह रफूचक्कर हो गया।

इस घटना के बाद से बहू-बेटियों ने अब अकेले जंगल जाना भी छोड़ दिया था। जब भी जातीं, आठ-दस के झुंड में ही रहतीं।

महिलाएँ अपने शराबी पतियों से भी कम परेशान न थीं। देर रात नशे में लड़खड़ाते हुए घर में घुसना और फिर हंगामा खड़ा कर देना आम बात हो गई थी। अब तो कुछ लोग बीवी-बच्चों से मारपीट पर भी उतर आते।

सुनीता किसी से कुछ नहीं बोलती। अपने खेत, बगीचा, दुकान और परिवार, बस यहीं तक सीमित कर दी उसने अपनी दुनिया। जैसे-जैसे समय बीत रहा था, वीरू के लिए न्याय पाने की उसकी आशाएँ भी धूमिल होती जा रही थीं।

अब उसे यह लड़ाई स्वयं ही लड़नी होगी। लेकिन इन डरे लोगों

को कैसे एक करे वह? यह सबसे बड़ा प्रश्न था। उसने सुना था कि पहाड़ों में महिलाओं ने इस सामाजिक बुराई के विरुद्ध कई बार आंदोलन किए हैं। उसके मन में भी आया, उसे भी ऐसा ही करना चाहिए। सोची-समझी रणनीति के तहत धीरे-धीरे उसने गाँव की उन महिलाओं से मेल-जोल बढ़ाया जिनके परिवारों में शराब के कारण कलह होती थी। एक बार फिर शुरू किया। पहले-पहले वह सिर्फ उनकी बातें सुनती, उनकी तकलीफों को महसूस करती।

क्या उनकी और सुनीता की तकलीफों में कोई अंतर था, शायद नहीं। उन सबकी पीड़ाएँ कमोबेश एक जैसी थीं। एक ओर सुनीता इन शराब तस्करों के हाथों मारे गए अपने पति की मौत का दंश झेल रही थी तो दूसरी ओर अन्य महिलाएँ शराब के लती अपने पतियों की कारगुजारियों की पीड़ा भोग रही थी। इस शराब ने कई घर नरक बना दिए तो कई घर उजाड़ दिए।

जिन महिलाओं के पति फौजी थे या कहीं बाहर थे, वे अपने बच्चों और बूढ़े सास-ससुर के साथ अकेली ही रहती थी। गाँव की हालत देख उनमें भी असुरक्षा पनपने लगी थी। बच्चों के बेहतर भविष्य और अच्छे माहौल के लिए वे भी अब पति से गाँव छोड़कर शहर में बस जाने के लिए जिद कर रही थीं।

गाँव एक बार फिर उजाड़ होने के कगार पर थे। सुनीता व्यथित थी। ये तो वीरू का सपना नहीं था। वो तो गाँव को समृद्ध, आबाद और खुशहाल देखना चाहता था।

सुनीता ने एक फौजी की पत्नी को गाँव न छोड़ने की सलाह दी तो वह उसी पर बरस पड़ी।

'कौन रहेगा ऐसे माहौल में यहाँ पर? तुमने देखा है दारू पीकर

कैसी-कैसी हरकतें करते हैं ये नशेड़ी? क्या सीखेंगे बच्चे इनसे?'

'लेकिन इनसे डरकर अपना घर छोड़ देना तो समाधान नहीं।' सुनीता के स्वर में दृढ़ता थी।

'तो फिर क्या समाधान है? तुम ही बताओ,' महिला ने उसकी ओर ही प्रश्न उछाल दिया।

'हम महिलाएँ एकजुट होकर इनके विरुद्ध लड़ क्यों नहीं सकतीं।' सुनीता ने महिलाएँ शब्द पर विशेष जोर दिया।

'ताकि वीरू देवरजी की तरह हम भी मारे जाएँ। वो तो आदमजात थे। उन्हें जान से मार दिया, पर हमारे साथ तो वे कुछ भी कर सकते हैं। तड़पा-तड़पाकर मरने को छोड़ सकते हैं। समाज में जीना मुश्किल हो जाएगा। समझ रही हो मेरी बात!' उन्होंने इस बुराई का एक और वीभत्स चेहरा सामने रख दिया।

सुनीता सिहर उठी। समझ रही थी कि उनका इशारा किस तरफ है, लेकिन अगर वे एकजुट हों तो हर परिस्थिति का मुकाबला कर सकती हैं। और यही बात उसने उन्हें समझाई। धीरे-धीरे उसने अन्य महिलाओं को भी यही बात समझाना आरंभ किया। लेकिन सफलता न मिली, बुरी तरह डरी हुई ये महिलाएँ किसी भी कीमत पर विरोध के लिए तैयार नहीं थीं।

'गुंडों के हाथों बेइज्जत होने से अच्छा तो अपने पति की मार खा लो।'

शराबी पतियों से प्रताड़ित होनेवाली महिलाओं का ये तर्क भी गलत न था।

लेकिन सुनीता ने हार न मानी, नित्य दो-तीन महिलाओं से संपर्क कर वह अपनी बात उन्हें समझाती। ये वो समय था जब ग्राम पंचायतों

के प्रति महिलाओं का रुझान बढ़ रहा था। सरकार ने कुछ प्रतिशत पद महिलाओं के लिए आरक्षित किए, जिससे उनकी सहभागिता भी बढ़ गई; लेकिन अधिकांश महिलाएँ अभी भी पति से पूछे बिना कोई निर्णय न ले पातीं। पद उनके पास था, लेकिन उसका उपयोग प्रधानपति कर रहे थे।

सुनीता ने इन महिलाओं से भी संपर्क साधा। समय लगा, लेकिन धीरे-धीरे वह अपनी बात महिलाओं को समझाने में कामयाब हो रही थी।

□

दस

सुनीता की मेहनत रंग लाई। एक से दो और फिर दो से चार जुड़े और ये कारवाँ चल निकला। धीरे-धीरे आस-पास के गाँवों से भी महिलाओं ने जुड़ना शुरू कर दिया।

इन्हीं में से एक थी पड़ोसी गाँव सिमलखेत की रजनी, पंद्रह-सोलह वर्ष की उम्र में ही माता-पिता को खो चुकी रजनी ने दोनों छोटे भाइयों को माँ की तरह पाला।

घर की जिम्मेदारियों के कारण अपनी पढ़ाई के बारे में सोचने का तो मौका ही नहीं मिला। पर भाइयों की पढ़ाई के सामने कोई अड़चन न आने दी। घर-बाहर के सारे काम स्वेच्छा से अपने सिर पर लिये, ताकि भाइयों की पढ़ाई में व्यवधान न हो, और वह भी बिना किसी संरक्षक के। अकेली लड़की और सिर पर किसी का हाथ न होने के कारण मनचलों ने परेशान करने का भी प्रयास किया, लेकिन रजनी के साहस के आगे उनकी एक न चली। एक बार तो उसने धारे से पानी लाते हुए अपनी गागर ही उठाकर एक लड़के के सिर पर दे मारी थी। यही नहीं, कुछ दूर तक हाथ में पत्थर ले उसके पीछे भी दौड़ पड़ी थी। उसकी इस हरकत से बहुत से लोगों को सबक मिल गया। साथ ही सबको यह भी संदेश मिल गया था कि रजनी विषम-से-विषम

परिस्थितियों के आगे भी समझौता करनेवालों में नहीं है। उसकी इसी जीवटता पर गाँव के लोग उसे 'भाइयों का बड़ा भाई' कहकर पुकारते।

गाँव में उसे कहीं, किसी पर भी कोई परेशानी की खबर मिलती तो वह झट पहुँच जाती मदद करने। और अगर उसे कभी किसी लड़की से बदसलूकी अथवा छेड़छाड़ की खबर मिलती तो इसे सुनकर तो वह आगबबूला हो जाती। ऐसे लड़कों का वह हश्र करती कि वह फिर मुँह दिखाने लायक नहीं रहते।

दोनों भाइयों की परवरिश की धुन में रजनी को कभी अपने बारे में सोचने का मौका ही न मिला। या यूँ कहें कि उसकी स्वयं की जिंदगी, उसका भविष्य भाइयों के जीवन व भविष्य से एकाकार हो गया था, तो अतिशयोक्ति न होगी। विवाह की उम्र भी निकल रही थी, लेकिन एक लड़की को अपना स्वयं का घर भी बसाना होता है, यह खयाल तक न आता। और फिर यदि खयाल आता भी तो कैसे अपना घर बसाती? ऐसा कौन मिलता, जो उसके दोनों भाइयों की जिम्मेदारी भी अपने सिर पर लेता? और फिर घर में कोई बड़ा तो था नहीं, जो उसके रिश्ते के बारे में सोचता।

रजनी के मन की थाह लेने का तो कभी किसी ने प्रयास ही नहीं किया। अपने भाइयों का जीवन सँवारते हुए क्या एक बार भी उसके मन में अपना घर बसाने का खयाल न आया होगा? अपने साथ की लड़कियों को दुलहन बनते देख क्या कभी उसने किसी जीवन साथी की कल्पना न की होगी? लेकिन न तो इन प्रश्नों को किसी ने पूछा, न रजनी ने कभी अपने मन की बात किसी से कही।

दोनों भाई पढ़-लिखकर अपने-अपने में व्यस्त थे। बड़ा वाला शहर में नौकरी कर रहा था तो छोटा गाँव के पास ही एक स्कूल में

पढ़ा रहा था। अब वह उनका घर बसाने के लिए उचित रिश्तों की तलाश में थी। इन दोनों का घर बसाकर अपनी अंतिम जिम्मेदारी से भी रजनी यथाशीघ्र निवृत्त होना चाहती थी।

धीरे-धीरे घर की जिम्मेदारी कम हुई तो अब उसने अपने आप को दूसरों के लिए समर्पित कर दिया। गाँववालों के सुख-दुःख में शामिल होना, जन-समस्याओं के लिए सरकारी तंत्र से भिड़ जाना, ये उसकी दिनचर्या का अभिन्न अंग बन चुका था।

कुछ लोगों के प्रोत्साहन से उसके मन में धीरे-धीरे राजनीतिक महत्त्वाकांक्षा भी पनपने लगी थी। इसी के चलते उसने पिछली बार ग्राम प्रधान का चुनाव भी लड़ा, लेकिन विरोधी पार्टी के धन-बल के आगे उसे मुँह की खानी पड़ी। पर उसने उम्मीद का दामन नहीं छोड़ा। धन उसके पास कभी आएगा नहीं, इस सत्य को वह बखूबी जानती थी। इसलिए जन सरोकारों से सीधे जुड़ मेहनत कर रही थी। सुनीता की इस पहल का जब उसे पता चला तो वह सहर्ष उसका साथ देने को तैयार हो गई। साथ ही उसने कुछ अन्य महिलाओं को भी अपने साथ जोड़ लिया।

अपने ही नशे और अतिविश्वास में चूर शराब के कारोबारियों को इसकी भनक भी न लग पाई कि महिलाओं का एक गुट उनके विरोध में खड़ा हो रहा है।

एक दिन कुछ महिलाओं ने एक गाँव में चलनेवाली कच्ची शराब की भट्टी पर हमला कर उसे तहस-नहस कर दिया तो उनके उग्र तेवर देख वहाँ मौजूद सभी पुरुष भाग खड़े हुए। दंभी और धन के मद में चूर व्यवसायियों ने इसे अपने शराबी पतियों से दुखी होने की छोटी सी प्रतिक्रिया भर समझ हलके में ही लिया।

इधर, प्रभावित लोगों की ओर से कोई प्रतिक्रिया न होने पर महिलाओं का भी हौसला बढ़ा। अब तक डर से घर में दुबकी कुछ और महिलाएँ भी खुलकर सामने आ गईं।

लेकिन जब महिलाओं के इस समूह ने थोड़े समय के अंतराल पर ही दो-तीन और भट्ठियों पर हल्ला बोल दिया तो सब चौंक गए। आरंभ में अपना धंधा जमाने के बाद अब तो कुलदीप भी अधिकांश शहर में ही रहता। गाँव और आस-पास के लोगों को तो अभी भी नहीं पता था कि इस धंधे में कुलदीप की भी संलिप्तता है। सिर्फ इससे जुड़े लोगों को ही उसकी असलियत पता थी।

क्षेत्र के व्यवसाय से संबंधी सारी सूचनाएँ वो उसे शहर जाकर ही बता आते। उधर सुनीता की गतिविधियाँ देख भागुली देवी चिंतित हुई। क्या चाहती है ये अब? क्या करना चाहती है? मन में विश्वास तो था कि कुछ गलत नहीं करेगी, लेकिन साथ ही संशय भी था कि कहीं वह भी वीरू की राह पर तो नहीं चल रही।

धीरे-धीरे ये सच भी उनके सामने आ ही गया कि सुनीता ने भी वही राह पकड़ ली है। एक दिन उसने सुनीता को अपने पास बिठाकर समझाया, बच्चों के भविष्य का हवाला दिया; लेकिन सुनीता टस से मस न हुई।

'क्या वो कोई गलत काम कर रहे थे?' उसने माँ से पूछा।

'नहीं।'

'तो फिर आप मुझे क्यों रोक रही हैं? कानून तो उनके हत्यारों को सजा नहीं दे पाया, लेकिन उनके मिशन को आगे बढ़ा, गाँव को फिर पहले जैसा बना पाऊँ, यही उनके हत्यारों के लिए बहुत बड़ा दंड होगा।' कहते-कहते सुनीता ने अपनी मुट्ठियाँ भींच ली। उसका चेहरा

तमतमा उठा व आँखें अंगार बरसाने लगी।

बहू के इस रौद्र रूप को देख भागुली देवी एक पल के लिए सहम गई। सुनीता के कदमों को पीछे हटा पाना किसी के वश में नहीं, ये भी वह समझ गई थी।

'बेटी, तुझे कामयाबी मिले, मैं भैरवनाथ से प्रार्थना करूँगी।'

–और उन्होंने अपने कँपकँपाते हाथ सुनीता के सिर पर रख दिए।

अनायास ही उन्हें कुछ दिन पूर्व की घटना याद आ गई। सुनीता सुबह से घर पर न थी। न खेतों पर, न दुकान पर। 'आखिर गई कहाँ होगी?' यही सोचकर भागुली परेशान थी। लगभग तीन–साढ़े तीन का वक्त होगा। सुनीता ने तूफान की तरह घर में प्रवेश किया। अस्त–व्यस्त मुद्रा, चेहरा पसीने से तर, बिखरे हुए बाल। आते ही कमर में खोंसी दराँती एक ओर रखी और लोटे में पानी लेकर मुँह–हाथ धोने बैठ गई।

भागुली वहीं चौक में बैठी ध्यान से सुनीता की गतिविधियाँ देखती रही। सुनीता चेहरे पर पानी डाले जा रही थी। ऐसा लग रहा था, जैसे मुँह धोने के बहाने कुछ छिपाने का प्रयास कर रही हो।

गौर से देखने पर भागुली को पानी की आवाज के साथ–साथ सुनीता की घुटी हुई सिसकियों की आवाज भी आने लगी।

'क्या हो गया इसे? कहीं कुछ गलत, कोई अनहोनी तो नहीं घट गई? लेकिन कहाँ?'

दोनों बच्चे घर में सकुशल थे और जो दुःख रूपी वज्र इस घर पर गिरना था, वह पूर्व में ही गिर चुका। अब क्या बाकी रहा? कहीं बहू के मायके में तो⋯? नहीं–नहीं इसी उधेड़बुन में घबरा गई भागुली। सास की मनःस्थिति से बेखबर सुनीता जहाँ बैठी थी, वहीं बैठी रही। पानी से ज्यादा आँसुओं से चेहरा धुल चुका था।

अचानक सिर पर किसी के स्पर्श से चौंक उठी सुनीता। चेहरा उठाया तो देखा कि आँखों में ढेरों प्रश्न लिये सास खड़ी थी। सास का सामीप्य पाकर सुनीता की सिसकियों की गति और तीव्र हो उठी। बहू की बाँह पकड़कर भागुली उसे घर के अंदर ले आई। अंदर आते ही सुनीता सास की गोद में सिर रखकर फफक-फफक कर रो पड़ी। यह देखकर भागुली और अधिक घबरा गई।

'हे कुलदेवी! कहीं उसके दुर्भाग्य की छाया ने बहू को भी डस नहीं लिया? आखिर हो क्या गया इस अभागन को?' भागुली बहू से पूछती जाती और स्वयं भी रोती जा रही थी। सुनीता जब काफी देर तक शांत न हुई तो भागुली का धैर्य जवाब देने लगा।

सुनीता कुछ कह पाने की स्थिति में न थी और भागुली उसे इस हालत में छोड़कर पास-पड़ोस में किसी से पूछने भी नहीं जा सकती थी।

'माँ ,उनकी आत्मा को शांति मिली होगी आज। बहुत खुश थे वे, मुझसे बात भी की।' रुलाई और सिसकियों का आवेग थमा तो सुनीता बुदबुदाई।

'किसकी बात कर रही है, बहू? वीरू की··· किंतु उसने कहाँ और कैसे बात की इससे?'

भागुली हैरान-परेशान थी। ऐसा क्या कर दिया इसने कि वीरू की आत्मा खुश हुई? और अब ये उससे बात करने की बात··· कहीं मानसिक संतुलन तो नहीं खो दिया है इसने?

इसी व्याकुलता में भागुली बहू के बालों में हाथ फिराकर उसे सहलाती रही, साथ ही कुलदेवी से अपने परिवार की सलामती की दुआ भी करती रही। जब बहू के मन की बात नहीं उगलवा पाई तो

थक-हारकर भागुली ने आस-पड़ोस की महिलाओं से अपनी जिज्ञासा शांत करने की कोशिश की। सुनीता के नेतृत्व में महिला मंगल दल की सदस्याओं ने आज दोपहर पहली बार गाँव से कुछ ही दूरी पर चलनेवाली कच्ची और अवैध शराब रूपी जहर की दो भट्ठियों को तहस-नहस कर वहाँ पर तांडव मचा दिया था।

'दीदी, तू देखती अपनी सुनीता के तेवर उस समय, साक्षात् रणचंडी बनी थी। वहाँ पर चुन-चुनकर ऐसा विध्वंस मचाया कि उन कुकर्मियों के अवैध धंधे का नामो-निशाँ न बचा। लग रहा था जैसे वीरू का बदला इन भट्टियों से ही ले रही हों।'

उसकी देवरानी उस घटना के बारे में बताए जा रही थी और भागुली को धीरे-धीरे समझ आने लगा था बहू की व्यग्रता का कारण। वैसे इस घटनाक्रम को सुनकर भागुली मन-ही-मन भी प्रसन्न हो रही थी। न जाने मन के किसी कोने से ये आवाज आ रही थी कि आज सुनीता ने उसके बेटे के हत्यारों को एक हद तक सजा दे ही दी है। हालाँकि अवैध शराब का कारोबार करनेवाले इन अपराधियों की नृशंसता से मन भयभीत भी था।

बच्चों की जिंदगी का वास्ता देकर आज ही समझाने का प्रयास करेगी बहू को। कह देगी सुनीता से कि छोड़ दे इन पापियों के मुँह लगना। मन में यही विचार लेकर भागुली थोड़ी ही देर में घर लौट आई। किंतु अब तो उसे समझाकर भी देख दिया और आखिर में उसे आशीर्वाद भी दे दिया। सुनीता की अगुवाई में महिलाओं का अभियान दिनोदिन तेज होने लगा, जिससे उस क्षेत्र के अपराधी प्रवृत्ति के लोगों में बौखलाहट होना स्वाभाविक था। विरोधियों की व्याकुलता और हताशा को देखकर इन महिलाओं का आत्मविश्वास बढ़ता जा रहा था। कुल

मिलाकर पूरे क्षेत्र में शराब के अवैध कारोबार के विरुद्ध जन-जागृति पैदा कर दी थी उन्होंने।

सुनीता ने पहली बार जब शराब की भट्टी पर हमला किया था तो उपस्थित सभी महिलाएँ और भट्ठी में काम करनेवाले लोग भी उसके रौद्र रूप से डर गए थे। वहाँ पर पड़े एक-एक सामान को उसने इतनी बेदर्दी से नष्ट किया मानो वीरू के हत्यारों को सजा दे रही हो। साक्षात् काली का रूप धारण कर लिया था उसने।

अभी तक कच्ची शराब की भट्ठियों पर ध्यान केंद्रित करनेवाला महिला मंगल दल अब शहर से आने वाली अवैध शराब पर भी नजर गड़ाए था।

यही नहीं, इस दल की महिलाएँ अब शराब पीकर उत्पात मचानेवाले और बीवी-बच्चों से मारपीट करनेवाले लोगों को भी निशाना बनाने लगी। एक दो बार वे उन्हें प्यार से समझातीं। न मानने पर सामाजिक बहिष्कार और गाँव भर में जुलूस निकालने आदि की तरकीब अपनाई जाती। इस बेइज्जती से डरकर कई लोगों ने स्वतः ही शराब का सेवन कम कर दिया था।

लेकिन इस सारे अभियान के बीच सुनीता को 'कुल्लू भाई' की तलाश थी, जो अप्रत्यक्ष रूप से ही सही, लेकिन वीरू की हत्या से जुड़ा था। शहर में देखी गई तसवीर भी उसे अच्छी तरह याद थी।

'क्या वह तसवीर 'कुल्लू भाई' की ही होगी?'

वह सोचती जरूर, लेकिन किसी नतीजे पर न पहुँच पाती। इस अभियान में कभी-न-कभी उसकी मुलाकात कुल्लू से अवश्य होगी ऐसा उसे विश्वास था।

□

ग्यारह

बड़ी सी हॉलनुमा बैठक, बेशकीमती फर्नीचर और कालीन से सुसज्जित। वहीं बैठे कुछ लोग गंभीर मंत्रणा में व्यस्त हैं।

कुछ लोग गाँव से आए हैं तो कुछ शहर से ही हैं। गाँव से आनेवाले युवकों के लिए ये घर हमेशा से एक अजूबा सा रहा। पहले-पहल घर में घुसते ही चमचमाता फर्श देख उन्हें अपने धूल भरे जूतों को देख बहुत शर्म आई।

बरामदे से जब वे उसकी बैठक में प्रविष्ट हुए तो वहाँ बिछे कालीन पर उनके पैर धँस गए।

'कुलदीप भाई, ने शायद गद्दे ही फर्श पर बिछा दिए हैं'। एक ने दूसरे से कहा तो उसने उसकी हाँ में हाँ मिलाई।

कुलदीप के इसी ठाट-बाट की चकाचौंध ने उन्हें भी उसके जैसा ही व्यवसाय करने की प्रेरणा दी, जो अंततः उन्हें शराब के अवैध कारोबार की ओर ले गई।

'कौन है इस सबके पीछे, पता किया तुमने?'

कुलदीप हैरान था, परेशान था। वीरू की दर्दनाक मौत के बाद भी ऐसा कौन है, जो उससे टक्कर लेने की हिम्मत कर रहा है?

'भाई! सुनीता। उसी ने शुरुआत की इस खेल की।'

'कौन सुनीता?'

'वीरू की विधवा।'

'वीरू की विधवा?' कुलदीप के स्वर में आश्चर्य था।

'उसकी इतनी हिम्मत कैसे हो गई?'

'वो अकेली नहीं है, आसपास के गाँवों की बहुत सारी महिलाएँ उसके साथ हैं। रजनी भी बढ़-चढ़कर उसका साथ दे रही है।'

'ये रजनी वही है न, जो पिछली बार चुनाव लड़ी थी।' कुलदीप को सब याद था।

'हाँ, वही है। भाई, कहो तो सबक सिखा दें एक-आध को।' नर्‌या उत्तेजित हो खड़ा हो गया।

'नहीं नर्‌या, तुम कुछ नहीं करोगे। लगता है, मुझे ही कुछ करना पड़ेगा।'

कुछ ही दिन बाद गाँव आने का आश्वासन दे कुलदीप ने सबको वापस भेज दिया और स्वयं अब इस नई मुसीबत से निबटने का हल सोचने लगा।

रजनी और सुनीता दोनों से स्वयं ही मिलना होगा उसे। वह तो अच्छा है कि अभी उसके कारोबार के बारे में लोगों को बहुत कुछ मालूम नहीं है।

अपनी योजना के अनुसार कुछ ही दिनों बाद कुलदीप गाँव पहुँच गया। बहुत दिनों बाद घर आए बेटे को देख माँ खुश थी।

'ऐसा भी क्या काम है बेटा, कि घर की याद भी नहीं आती।' सुंदरा ने बेटे को उलाहना दी।

'बहुत काम फैला हुआ है तेरे बेटे का; लेकिन इस बार मैं कुछ दिन रहूँगा।'

बेटे की इस बात ने सुंदरा का मन प्रसन्न कर दिया। 'इस बार तो बेटे से एक अच्छी सी बहू लाने की बात जरूर करूँगी।' उसने सोचा। साथ के लड़के बाल-बच्चोंवाले हो गए और उसे तो अभी अपना घर बसाने की होश तक नहीं।

अगले दिन कुलदीप अपने साथ गाँव के ही दो लड़कों को ले रजनी से मिलने उसके गाँव चला गया।

'मैं कुलदीप हूँ। कुलस्यारी का कुलदीप।' उसने शराफत का पुतला बन रजनी के सामने हाथ जोड़ दिए।

'कुलदीप। वही ना जिसका बहुत बड़ा बिजनेस है।'

रजनी ने दोनों हाथ फैलाकर बड़ा होने का इशारा किया तो कुलदीप के साथ-साथ उसके साथ आए लोग भी मुसकरा दिए।

'इतना बड़ा नहीं जितना आपने कहा।' कुलदीप ने चुटकी ली।

रजनी का भाई स्कूल चला गया था, इसलिए वह उस समय घर पर अकेली ही थी। अंदर से कुरसी उठा चौक में ही ले आई। कुलदीप ने इधर-उधर देखा। क्या बात करें? कैसे बात शुरू करे, उसे समझ नहीं आया। रजनी आँगन की मुँडेर पर ही बैठ गई थी। वो भी नहीं समझ पा रही थी कि ये व्यक्ति उसके पास क्यों चला आया?

'बहुत अच्छा काम कर रहे हैं आप लोग।' कुलदीप ने खुद ही बातों का सिलसिला आरंभ करने का प्रयास किया।

'हाँ, करना ही पड़ता है। क्या करें, बहू-बेटियों का जीना मुश्किल किया हुआ था इन नशेड़ियों ने।' और रजनी ने जो एक बार बोलना आरंभ किया तो चुप न हुई। शराब पीनेवालों से लेकर शराब बेचनेवालों तक की लानत-मलानत कर डाली उसने।

कुलदीप जहाँ शांति से उसकी बात सुनता रहा, वहीं उसके साथ

आए बाकी दोनों युवक उसकी बातें सुन मंद-मंद मुसकराते रहे। रजनी ने जब उन्हें मुसकराते देखा तो समझ गई, कुछ ज्यादा ही बोल गई वह।

'माफ करना, पता नहीं क्या-क्या बोल दिया। दरअसल इन शराबियों की करतूतें याद करके गुस्सा आ जाता है' रजनी अब झेंप गई थी।

'आपने तो पिछली बार चुनाव भी लड़ा था?' कुलदीप ने उसकी बात वहीं समाप्त कर दूसरा प्रसंग छेड़ दिया। जानता था, ये रजनी की दुखती रग है।

और रजनी एक बार फिर आरंभ हो गई।

'अरे, आजकल पैसे के बिना भी कोई चुनाव जीता जाता है! कितना भी काम कर लो कोई फायदा नहीं।'

और चुनाव का जिक्र करते-करते फिर उसी शराब का जिक्र आ गया। इस चुनाव में बाँटी गई शराब ने तो सारे समीकरण ही बदलकर रख दिए थे।

'आपको डर नहीं लगता इन खतरनाक लोगों से लड़ते हुए?' कुलदीप ने अचानक बात बदल दी।

'नहीं, डर कैसा? इतनी सारी महिलाएँ साथ हैं। और वैसे भी महिलाएँ तो साक्षात् देवी का रूप होती हैं। और जब अपने पति को खोने के बाद भी सुनीता ने इतनी हिम्मत से काम लिया तो हम क्यों डरें?'

'उफ्फ कितना बोलती है ये रजनी, लेकिन क्या करे वह भी? सहन तो करना ही पड़ेगा। एक यही महिला है, जो उसके काम आ सकती है।' कुलदीप ने मन-ही-मन सोचा।

'लेकिन आपको ज्यादा सावधान रहना चाहिए। आप अकेली जो रहती हैं।' कुलदीप ने पासा पलटते हुए उसका हितैषी बनने का नाटक किया। साथ ही उसे अघोषित चेतावनी भी दे दी।

कुछ देर कुलदीप रजनी से उनके अभियान, उसके चुनाव इत्यादि के बारे में बात करता रहा। सुनीता के बारे में पूछना भी वह न भूला। साथ ही उसे अपने बच्चों की सुरक्षा के बारे में ध्यान देने की नसीहत भी दे डाली।

कुछ देर बात कर कुलदीप चला गया, लेकिन रजनी बौराई-सी घूमती रही। इतना बड़ा पैसेवाला आदमी उसे पूछने आया। उसे उसके काम की शाबाशी देने आया और साथ ही उसकी चिंता भी कर गया, मदद करने को भी कह गया।

'अगर अगले चुनाव में ये तेरी मदद कर दे रजनी, तो तेरे तो मजे ही आ जाएँ।' रजनी मन-ही-मन बोली।

दो दिन तक कुलदीप के उससे मिलने आने की बात उसके पेट में घूम-घूमकर गोला बनाती रही। किससे कहे, वह बेचैन थी?

दो-तीन दिन बाद आगे की रणनीति के लिए दल की सभी महिलाएँ मिलीं तो रजनी ने कुलदीप की तारीफों के पुल बाँध दिए।

'इतना बड़ा आदमी और ऐसे ही मेरे घर चला आया।' कुलदीप के बड़े और पैसेवाला होने का सम्मोहन मानो रजनी के दिल-दिमाग पर छा गया था।

'न जाने क्यों, मुझे ये कुलदीप कुछ ठीक नहीं लगता।' कुलदीप के ही गाँव की विमला ने कहा तो सबके चेहरे पर प्रश्नचिह्न उभर आए।

'मुझे तो लगता है, बाकी काम की आड़ में यह भी शराब का धंधा कर रहा है।' विमला ने अपनी शंका जाहिर की।

'पागल हो गई है क्या?' रजनी बौखला उठी 'अरे, वो तो हमारे काम, हमारी हिम्मत की दाद दे रहा था और उसने हमारी मदद करने को भी बोला।'

रजनी की सफाई सुन विमला तो चुप्पी लगा गई, लेकिन सुनीता के लिए सोचने को कुछ छोड़ गई।

'कुलदीप...' 'कुल्लू भाई...।' ऐसा तो नहीं कि ये दोनों एक ही व्यक्ति हों?'

लेकिन रजनी की बातों से तो ऐसा नहीं लग रहा था। रजनी दल की अति सक्रिय सदस्या थी तो उसकी बातों पर अविश्वास करने का भी कोई कारण न था।

फिर भी, सुनीता अपने मन से इस शंका को निकाल न पाई।

आज की बैठक में बाहर से आनेवाली अवैध शराब पर नजर रख उसे नष्ट करने का निर्णय लिया गया। चार-पाँच ऐसी महिलाओं को इसका पता लगाने का काम सौंपा गया, जिनके पति या भाई स्वयं इस कारोबार में संलिप्त थे। उनकी यह रणनीति कामयाब हुई। एक महीने में ही वह अवैध शराब की दो खेप भी पकड़वाकर अपने सामने नष्ट करवा चुकी थी। आबकारी अधिकारी भी उनके आंदोलन के दबाव में रहते।

ये महज इत्तेफाक था या सोची-समझी चाल कि जिस दिन भी अवैध शराब की खेप पकड़ी जाती, उसी के अगले दिन कुलदीप रजनी की हौसला-अफजाई के लिए उसके घर पहुँच जाता।

'अगली बार तो प्रधान का छोड़ ब्लॉक प्रमुख का चुनाव लड़ना आप। मैं मदद करूँगा आपकी।' रजनी की प्रशंसा कर उसने उसकी महत्त्वाकांक्षाओं को एक नई उड़ान दी।

अब तो रजनी के पाँव जमीन पर न पड़ते। कहाँ तो वह ग्राम प्रधान का चुनाव जीतने के लिए जूझ रही थी और कहाँ उसे ब्लॉक प्रमुख के चुनाव में भी मदद करने को तैयार था कुलदीप।

'क्या वह कुलदीप की ओर खिंच रही थी?' उसने स्वयं से ही प्रश्न किया।

जिस समय उसने यौवन की दहलीज पर पाँव रखे थे, तब तो घर की, छोटे भाइयों की जिम्मेदारी सिर पर थी। मन के किसी कोने में भी कभी किसी के लिए किसी कमजोरी ने जन्म न लिया।

अब जब वह यौवन की ढलान पर है और अपने भाइयों के लिए रिश्ते की तलाश में है तो अब मन में ये खिंचाव कैसा?

लेकिन वह ऐसा क्यों सोच रही है कि वह यौवन की ढलान पर है? अभी उम्र इतनी अधिक भी नहीं है उसकी। होगी 32-33 वर्ष। कच्ची उम्र में ही जिम्मेदारी पड़ जाने के कारण उसे अब अपनी उम्र ढलती-सी प्रतीत होने लगी थी।

'ये क्या ऊल-जलूल सोचने लगी वह भी?' उसने सिर झटका। कहाँ कुलदीप और कहाँ वह। कहाँ राजा भोज, कहाँ गंगू तेली।

'तू तो उसके गुण गाते नही थकती। शादी कर लो दोनों। लगता है, वो भी अब तक तेरे लिए ही कुँवारा बैठा है।'

उसको कुलदीप का गुणगान करते सुन निर्मला भाभी ने एक दिन कह ही दिया तो उसका चेहरा शर्म से सुर्ख हो आया।

उसे लगा, वह कुलदीप के बारे में कुछ अधिक ही बातें करती है, इसलिए सबका ऐसा सोचना स्वाभाविक है।

सभी महिलाएँ अपनी रणनीति की सफलता से उत्साहित थीं। दो-तीन बार लगातार उन्होंने अवैध शराब का भारी जखीरा पकड़वाया था, लेकिन उसके बाद न जाने क्यों उन्हें सफलता न मिल पाई।

क्या कारोबारी उनकी चाल समझ चुके थे, या उनके पास इसकी खबर पहुँच रही थी? यह उनकी समझ में नहीं आ रहा था। अगर उनकी

सूचना यूँ ही गलत होती रही तो कौन विश्वास करेगा उनकी खबर पर? सभी परेशान थे।

रजनी को सपने में भी गुमान न था कि उत्साह में कुलदीप से कही गई उसकी बातें ही उन्हें भारी पड़ रही हैं।

लगता है, उन्हें एक बार फिर अपनी रणनीति बदलनी पड़ेगी। इसके लिए सभी एक बार फिर सोच-विचार करने लगे।

□

बारह

'आपकी सहेली से मिलना चाहता हूँ। देखना चाहता हूँ, कौन है वह जीवट महिला, जो अपने पति को खोने के बाद भी गाँव के सुधार को इस तरह मरी-खपी जा रही है।' कुलदीप ने रजनी से कहा और सुनीता के संघर्ष व साहस की प्रशंसा कर उसका हितैषी बनने का पूरा स्वाँग कर बैठा। साथ ही रजनी को भी अगले चुनाव की तैयारी करते रहने की सलाह देना न भूला।

रजनी खुश थी, आश्वस्त थी। अगले चुनाव में कम-से-कम उसे धन की कमी तो नहीं होने वाली।

अगले सप्ताह ही उसने सुनीता को मीटिंग के बहाने घर पर बुलवा भेजा। कुलदीप को भी उसने उसके आने की सूचना भिजवा दी थी।

सुनीता और रजनी आगे कैसे काम किया जाए, इसकी चर्चा कर रहे थे कि कुलदीप भी वहाँ पहुँच गया।

'आपकी इतनी तारीफ सुनी है रजनी से, आज मिलने का सौभाग्य भी मिल गया।' कुलदीप के हाथ जोड़कर अभिवादन के जवाब में दोनों ने हाथ जोड़ दिए। सुनीता ने ज्यों ही उसके चेहरे पर निगाह डाली, लगा जैसे शरीर में करंट दौड़ गया हो।

यह तो वही चेहरा है, जिसे वह कब से देखना चाहती थी। पुलिस

थाने में दिखाई गई तसवीर उसकी निगाहों में घूम गई। कैसे भूल सकती है वह इस चेहरे को।

एक बार पहले भी कुलदीप का जिक्र आने पर 'कुल्लू भाई' का नाम उसके मन में कौंध गया था। तो क्या यह वही है? क्या इसी व्यक्ति की तलाश है उसे? क्या यही है उसके पति का हत्यारा?

सुनीता को टकटकी लगाए देख एक पल को कुलदीप भी सहम गया। उसे लगा जैसे दो आँखें उसके चेहरे से होकर अंदर का एक्स-रे ले रही हों, उसकी असलियत बेपर्दा कर रही हों।

कुलदीप असहज हो उठा। उसकी आँखें झुक गईं। मन सिहर गया। बड़े-बड़े अपराध करते जिस व्यक्ति का मन न काँपा, वह आज एक नारी की ओजपूर्ण निगाहों से काँप गया।

दोनों खामोश। दोनों के हाथ जुड़े हुए। दोनों के मन में विपरीत धाराओं का अंतर्द्वंद्व। एक मन में तूफान तो दूसरे में शंका।

रजनी कुछ देर चुप रही, लेकिन दोनों को इस तरह खड़ा देख बहुत देर तक चुप न रह सकी।

'कुलदीप हमारे अभियान की बहुत प्रशंसा करते हैं और हमारी मदद भी करना चाहते हैं।' रजनी उल्लसित स्वर में बोली तो दोनों अपनी-अपनी सोच से बाहर निकल आए।

'कुछ ज्यादा ही उत्साहित हैं ये हमारी मदद करने के लिए।' लाख चाहते हुए भी सुनीता अपने स्वर की कटुता न छुपा पाई।

इस कटुता को कुलदीप ने भी भाँपा और रजनी ने भी। वह समझ गई कि सुनीता को कुलदीप का आना अच्छा नहीं लगा, इसलिए स्वर में कड़वाहट है।

लेकिन कुलदीप इस गहन मंथन में उलझ गया कि दुनिया को

गच्चा देने में माहिर 'कुल्लू भाई' यहाँ खुद ही कैसे गच्चा खा गया। इतना तो वह समझ ही गया कि सुनीता को जरूर उसका राज मालूम हो गया है; लेकिन कैसे, इस उलझन ने उसे अंदर से बहुत बेचैन कर दिया। मैदान मारने की उम्मीद से आए कुल्लू भाई को मैदान छोड़कर भागना पड़ा। वह जितनी देर भी वहाँ रहा, असहज-सा रहा। और फिर किसी जरूरी मीटिंग का बहाना कर खिसक लिया।

कुलदीप चला गया, लेकिन सुनीता के मन में सैकड़ों प्रश्न छोड़ गया। उसे विश्वास था कि उसके वीरू की हत्या में कुलदीप का ही हाथ है; लेकिन कैसे प्रमाणित करे इस बात को?

इसी उधेड़बुन में चिंतित सुनीता घर आ गई। इसी अकुलाहट में उस दिन वह कोई भी कार्य ठीक से न कर पाई। चूल्हे पर रखा पूरा दूध उबलकर गिर गया, जबकि दाल जलने से बच गई। रोटियाँ भी या तो अधपकी रह गईं या किसी कोने से जल गईं। बेमन से खाना खाने बैठी तो कौर हाथ में ही रह गया।

भागुली देवी बहुत देर से बहू की परेशानी व उसके हाव-भाव देखती रही, किंतु बोली कुछ नहीं। दूसरी ओर सुनीता मन-ही-मन सुलगती रही। कुलदीप उर्फ कुल्लू को तो वह पूरा सबक सिखाकर ही दम लेगी। किंतु रजनी, उस बेचारी को कैसे समझा पाएगी वह?

कैसे कहेगी रजनी से कि जिसका वह इतना गुणगान करती फिरती है वह देवता नहीं, शैतान है। रजनी के मन में पल रही कोमल भावनाओं से भी सुनीता अनभिज्ञ नहीं थी। कैसे तोड़ दे उसका दिल? उम्र के इस पड़ाव पर अगर वह अपनी गृहस्थी के सपने देख रही है तो कैसे तोड़ दे उसका यह सपना?

लेकिन उसके इस सपने को तो टूटना ही है। आज वह नहीं

तोड़ेगी तो कल कोई और तोड़ेगा। अपराधी की उम्र लंबी नहीं होती। उसे तो कभी-न-कभी पकड़े ही जाना है। उसे बाद में धक्का न लगे, इसलिए अभी से सचेत कर देना ठीक होगा। पर रजनी से कुछ भी कहने से पहले उसे प्रमाण ढूँढ़ने होंगे और वह भी रजनी को बताए बिना।

अब उसे लग रहा था, उनकी पिछली कुछ सूचनाएँ गलत साबित होने के पीछे भी शायद रजनी का अनजाने में कुलदीप को कुछ बातें बताना भी है।

सुनीता अपने अभियान में जुट गई और इसमें उसने कुलदीप के गाँव की ही तीन-चार महिलाओं की गुपचुप तरीके से मदद ली। तमाम पुख्ता जानकारियों के बाद वह आश्वस्त हो गई कि उसकी आशंका सही है।

'कुलदीप शराब का व्यवसायी है और इस क्षेत्र में फैल रहे इस कोढ़ के लिए वह ही जिम्मेदार है।' शांत भाव से सुनीता ने रजनी के सामने यह कटु सत्य रख दिया।

'तुझे गलतफहमी है। कैसे पता तुझे कि वह इसके पीछे है?'

'तू स्वयं क्यों नहीं पूछ लेती उससे? वह सिर्फ इसलिए तुझसे नजदीकियाँ बढ़ा रहा है कि तुझसे हमारे अभियान की जानकारी ले सके, और कुछ नहीं।'

सुनीता ने रजनी को समझाने का प्रयास किया। यद्यपि वह भी जानती थी कि रजनी इतनी आसानी से नहीं समझेगी और वही हुआ।

'मैं नहीं मानती।' कह रजनी ने सुनीता की बात को सिरे से खारिज कर दिया।

'मुझे जो कहना था, कह दिया और मुझे अपनी बात पर यकीन

है। अब यह तेरा फैसला है कि तुझे क्या करना है।' सुनीता ने अपनी बात समाप्त कर बहस को विराम दिया।

रजनी इतनी जल्दी उसकी बात पर यकीन नहीं करेगी। इसलिए सुनीता ने उससे बहुत बहस न की। धीरे-धीरे समझाएगी उसे। मन के घाव भरने में वैसे भी समय लगता है, उसने सोचा।

रजनी के मन की स्थिति भी अजीब थी। यह क्या कह रही थी सुनीता कुलदीप के बारे में? ऐसा कैसे संभव है? कुलदीप का पिछला आचार-व्यवहार, उसकी बातें सब याद कर रही थी रजनी। कभी भी तो ऐसा नहीं लगा कि वह इसमें शामिल है।

अब क्या करे वह? क्या उसी से जाकर पूछ ले? हाँ, यही ठीक रहेगा। लेकिन अगर सुनीता की बात सच हुई तो?

तो क्या करेगी वह?

'और क्या करना है, मिलना-जुलना बंद, और क्या? तब तो आमने-सामने की लड़ाई होगी।' मन के एक कोने से आवाज आई।

'पागल हो गई है क्या? क्यों मेल-जोल बंद करेगी उससे? अगला चुनाव लड़ाने का वादा किया है उसने। वरना पैसा कहाँ से आएगा?'

'मन की उड़ान में मत उड़ो, रजनी। विवेक से काम लो।' मन के दूसरे कोने से आवाज आई।

मन की इसी ऊहापोह के चलते रजनी दो-तीन दिन गुमसुम रही। न घर से बाहर निकली, न ही किसी से मिली।

तीन दिन बाद कुलदीप स्वयं ही रजनी से मिलने चला आया तो बिना किसी भूमिका के रजनी ने उससे उसका व्यवसाय पूछ लिया।

कुलदीप समझ गया, रजनी को कहीं से खबर मिल चुकी है। अब कुछ भी छुपाना बेकार है। वैसे भी, वह इस लुका-छिपी के खेल से

परेशान हो चुका था। अब तो वह आमने-सामने ही अंतिम लड़ाई लड़ना चाहता था।

रजनी का सवाल सुन कुछ देर चुप रहा कुलदीप।

'मैंने कुछ पूछा है आपसे?' रजनी ने दोबारा पूछा। उसके स्वर की कटुता और तीखापन कुलदीप ने स्पष्ट महसूस किया।

'शराब''शराब का धंधा है मेरा। शहर में भी और गाँव में भी।'

कुलदीप की निर्लज्ज स्वीकारोक्ति सुन रजनी एक पल के लिए सन्न रह गई। इतने दिन तक छलता रहा यह व्यक्ति उसे। एक ओर उसकी प्रशंसा करता रहा, दूसरी ओर उन्हीं की जड़ खोदता रहा।

अपमान और धोखे से बिलबिला उठी रजनी। मन की दृढ़ता ने आँखों में भर आए आँसुओं को अंदर ही अंदर जज्ब कर लिया।

'तो क्या सुनीता के पति की हत्या के पीछे भी तुम ही''?'

'बेवकूफ था वीरू। हमारी बात मान लेता तो पैसा भी कमाता और जिंदा भी रहता।' कुलदीप ने परोक्ष रूप में वीरू की हत्या करवाना स्वीकार कर लिया।

और अभी क्या-क्या सुनने को मिलेगा? कितना बड़ा अपराधी है यह। वीरू जैसे इनसान को लील गया यह राक्षस और न जाने कितनों को मार गया और कितनों को जीते-जी मरने को तड़पता छोड़ गया होगा।

रजनी जितना सोचती उतना ही उलझती जाती। उसका चेहरा, सिर की नसें तन गईं।

'तुम्हें भी समझा रहा हूँ। छोड़ दो ये बेवकूफी। तुम्हारा भविष्य उज्ज्वल है। तुम्हें ब्लॉक प्रमुख बनाने की जिम्मेदारी मेरी। सोच लो और मुझे बता दो। मैं तुम्हारी क्षमता समझता हूँ।'

कुलदीप ने निर्लज्जता से यह प्रस्ताव रजनी के सामने रखा और बाहर निकल गया।

रजनी जहाँ बैठी थी वहीं जड़ बैठी रह गई। अब तक यत्न से रोके गए आँसू झर-झर बह निकले। आँसू बहे तो नसों का तनाव भी कम हुआ। रजनी ने राहत महसूस की।

लेकिन अब क्या होगा? कैसे करेगी वह सुनीता का सामना? कितना समझाने का प्रयास किया था उसने। बिना प्रमाण के ऐसा आरोप क्यों लगाती वह कुलदीप पर? लेकिन उसने सुनीता से अधिक कुलदीप पर भरोसा किया, अब क्या मुँह दिखाएगी वह सुनीता को?

इसी मन:स्थिति के चलते रजनी कई दिन तक घर से बाहर न निकली। खेतों में बुवाई के मौसम के कारण सभी महिलाएँ अपने-अपने खेतों में व्यस्त थीं। दल की सभी महिलाओं की व्यस्तता रजनी के मन को सुकून दे गई। न कोई मिलेगा, न ही कोई बात होगी। खास तौर पर सुनीता से नजरें मिलाने की हिम्मत न थी अब रजनी की।

पंद्रह-बीस दिन बीत गए। रजनी के मन का संताप भी धीरे-धीरे कम हुआ। पिछली सब बातें याद आने लगीं। सुनीता की बातें, कुलदीप की बातें; सुनीता का संघर्ष, उसका स्वयं का संघर्ष।

इन सबके साथ पिछला चुनाव भी याद हो आया। सब लोग कैसे मुँह के सामने उसी को वोट देने की बात करते रहे, लेकिन ऐन वक्त पर जिसने दारू पिलाई, पैसा बाँटा, उसी के हो गए।

'क्या फायदा है इन लोगों के लिए मर-खपकर? इनका भला भी सोचो, खतरनाक लोगों से दुश्मनी भी मोल लो और ऐन वक्त पर वही ढाक के तीन पात।' रजनी का मन कभी फायदे-नुकसान के गणित में उलझ जाता तो कभी मन के संतोष में।

कभी ये पलड़ा भारी होता तो कभी वो। कौन सा रास्ता चुने यह निर्णय नहीं ले पा रही थी वह। उस दिन के बाद कुलदीप से भी मुलाकात नहीं हुई। पता नहीं गाँव में ही था या शहर चला गया। उसका राज जान लेने के बाद भी रजनी के दिल के एक कोने में पैठ बना ही ली थी उसने। रजनी को लगता जैसे एक शूल–सा चुभ गया है दिल में, जो जरा सा छूने पर करक उठता।

कुछ ही दिनों में खेतों की बुवाई समाप्त हो जाएगी और उनके दल का अभियान फिर आरंभ हो जाएगा। तब क्या करेगी वह? क्या फिर उसी मन से इसमें शामिल हो पाएगी? क्या उसका उत्साह वैसे ही बना रहेगा? ऐसे ही कई सवाल रजनी के मन को मथ रहे थे।

□

तेरह

भाई के स्कूल जाने के बाद रजनी लेट गई। सुबह से सिर में बहुत तेज दर्द था। आँखें लगी ही थीं कि कुंडा खटखटाने की आवाज सुनाई दी।

भ्रम होगा शायद उसका। उसने करवट बदली और फिर सोने का प्रयास करने लगी। तभी एक बार फिर तेजी से दरवाजा भड़भड़ाने की आवाज हुई तो रजनी उठ बैठी।

'दो पल चैन भी नहीं लेने देते। न जाने कौन आ गया सुबह-सुबह!' मन-ही-मन कुढ़ते हुए वह दरवाजा खोलने उठी।

दरवाजे पर वही पास के गाँव का युवक, जो अकसर कुलदीप के साथ भी आया करता था, खड़ा था।

'अब यह क्यों आया यहाँ?' रजनी की आँखों में सवाल तैरता देख वह अंदर आ गया।

'भाई ने भेजा है। आपसे मिलना चाहते हैं।'

'क्यों?'

'कुछ सलाह करना चाहते हैं। आपसे बात करना चाहते हैं।'

'तुम्हें क्यों भेजा? बात करनी थी तो खुद चला आता। बहुत बड़ा आदमी बन रहा है अब मेरे सामने। मुझे बुलाने के लिए भी आदमी भेजा है। समझता क्या है अपने आपको।' उसकी इस हरकत पर रजनी का गुस्सा और भी बढ़ गया।

‘दरअसल भाई तो तभी शहर चले गए थे। आपसे वहीं मिलना चाहते हैं। जरूरी बात करनी है। अभी काम बहुत है, इसलिए यहाँ नहीं आ सकते।’

शहर बुलाया है, इस बात ने रजनी के गुस्से की आग में घी का काम किया।

‘पहले तो मेरे घर आता रहा, बातें बनाता रहा और अब कहता है, मैं उससे मिलने शहर जाऊँ। जाए मेरी जूती।’ रजनी गुस्से में फुंकार उठी।

‘दीदी, आप शांति से सुनो, गुस्सा मत करो। आपके ही फायदे की बात है। मेरी बात ध्यान से सुनो।’ युवक रजनी को शांत करने की कोशिश कर रहा था।

रजनी चुप हो गई। मन-ही-मन कुछ सोच रही थी। उसे शांत देख उस युवक ने फिर बातों का सिरा पकड़ा।

‘भाई चाहते हैं, आप हमारी मदद करो, हम आपकी मदद करेंगे।’

‘मदद, कैसी मदद?’ रजनी के स्वर की तीव्रता अपेक्षाकृत कम थी।

युवक मन-ही-मन प्रसन्न हुआ। तीर सही निशाने पर लग रहा था।

‘यह तो भाई ही आपको बताएँगे। उनके मन में क्या है, ये तो वही जानें।’ युवक ने जान-बूझकर संदेह बरकरार रखा।

‘लेकिन कब और कैसे मिलूँगी मैं कुलदीप से?’

‘अरे दीदी, बस एक दिन की ही तो बात है। सुबह अपनी गाड़ी से निकलेंगे और दो-तीन घंटे में शहर पहुँच जाएँगे। वहीं भाई से मिलकर शाम तक वापस। तुम बता दो, कब चलना है?’

युवक का उत्साह देख रजनी मन-ही-मन हँसी। कुलदीप से ज्यादा आतुर तो यह लग रहा है।

‘कुछ दिन बाद पूछना मुझसे। देखूँगी, कब समय मिलता है।’

रजनी कुलदीप से मिलने का मन बना चुकी थी।

यूँ कुलदीप चाहता तो रजनी से गाँव में भी मिल सकता था, लेकिन रजनी को शहर बुलाना भी उसकी कोई सोची, समझी चाल ही थी। और वह अपनी चाल में कामयाब रहा।

बड़े से गेट को पार कर जब गाड़ी घर के अहाते में घुसी तो उस महलनुमा घर को देखकर रजनी की आँखें फटी-की-फटी रह गईं। इतने बड़े घर में कुलदीप अकेला कैसे रहता होगा?

लेकिन क्या पता, अकेला रहता है या उसका अकेला रहना भी उसके कारोबार की तरह एक झूठ है, फरेब है।

'जब से अपने गाँव और आस-पास अपना कारोबार फैलाया है तो सोचा, क्यों न एक छोटा सा घर गाँव के पास ही खरीद लूँ। वैसे तो मैंने अपना घर गुड़गाँव में बनाया है।'

रजनी को हैरत से घर के अंदर इधर-उधर ताकते देख कुलदीप ने अपने वैभव का लापरवाही से बखान किया।

'छोटा सा घर! अगर यह छोटा है तो बड़ा कैसा होगा?'

रजनी आश्चर्यचकित थी और कुलदीप इसका फायदा उठा रहा था।

'वैसे तो ऐसे छोटे-छोटे घर मेरे कई जगह पर हैं, लेकिन यह घर गाँव के नजदीक है, इसलिए मुझे सबसे अच्छा लगता है।'

अपने वैभव के प्रदर्शन के साथ-साथ कुलदीप अपने गाँव, अपने क्षेत्र की तारीफ करना भी नहीं भूला। जानता था, ऐसा करने से रजनी खुश होगी।

'किसलिए बुलाया था?' रजनी अब मतलब की बात पर आ गई।

'अपना ये आंदोलन खत्म कर दो।'

'क्यों? क्या इसलिए कि तुम गाँववालों को शराब पिलाकर बरबाद कर दो?'

'नहीं, मैं किसी को बरबाद नहीं कर रहा हूँ। मैं किसी को

जबरदस्ती शराब नहीं पिला रहा। मैं अपना कारोबार कर रहा हूँ, और कुछ नहीं।'

'और आसपास के कितने लोगों को रोजगार दे दिया मैंने, समझती हो तुम इस बात को? तुम्हें भी सलाह है मेरी, तुम भी अपने फायदे की सोचो।

'कैसा फायदा?'

'अपना अभियान खत्म करो। डराओ उन सबको। कह दो, हम बहुत खतरनाक हैं। अपना और अपने घरवालों का भला चाहती हैं तो खत्म कर दें ये सब।'

'इसमें मेरा क्या फायदा?' रजनी चतुर व्यवसायी की तरह सौदेबाजी पर उतर आई।

'सारा फायदा ही तुम्हारा है। तुम्हारे अगले चुनाव का सारा खर्चा हम करेंगे। और भूल जाओ ग्राम प्रधान का चुनाव, हम तुम्हें ब्लॉक प्रमुख बनवा देंगे।'

'मैं गाँव के भले के लिए काम कर रही हूँ, मेहनत कर रही हूँ। मेरी वही मेहनत मुझे चुनाव जितवाने के लिए काफी है।' रजनी आत्मविश्वास से बोली।

'मेहनत!' कुलदीप जोर से हँसा, 'मेहनत तो तुमने पहले भी की थी। याद है, कितने वोट मिले थे तुम्हें?' अब वह उसका मजाक उड़ा रहा था।

रजनी झेंप गई, मन-ही-मन चिढ़ भी गई। ठीक ही तो कह रहा था कुलदीप। कटु सत्य था ये भी।

'व्यावहारिक बनो। कोरी भावनाओं से कुछ हासिल नहीं होता। मेरा साथ दोगी तो मैं तुम्हें शिखर पर पहुँचाने का वादा करता हूँ।' लोहा गरम देख कुलदीप ने गहरी चोट की।

'इस बात की क्या गारंटी है कि मैं आंदोलन से हट जाऊँ तो तुम मेरा साथ दोगे?' गहन सोच में डूबी रजनी ने पूछा।

'कोई लिखित गारंटी नहीं। मेरी जुबान पर भरोसा करो। हमारे धंधे में जुबान की ही कीमत है। करोड़ों का लेन-देन जुबान, विश्वास पर ही होता है।'

ठीक ही कह रहा था कुलदीप। अपराध की दुनिया में कोई लिखत-पढ़त नहीं होती। जुबान पर ही चलते हैं सारे धंधे। जुबान से मुकरने के अंजाम भी बहुत बुरे होते हैं इस काली दुनिया में।

'और हाँ, तुम्हें सिर्फ आंदोलन छोड़ना ही नहीं है बल्कि औरों से भी छुड़वाना है। कैसे, यह तुम जानो। भय दिखाकर या समझाकर, यह तुम्हारी मरजी।'

रजनी सोच में डूबी थी। क्या करे वह? छोड़ दे उन सबका साथ, जो उस पर इतना विश्वास करती हैं और पकड़ ले इस अपराधी का दामन, जिसने क्षेत्र का सारा माहौल खराब किया है? जो वहाँ पर मार-पीट और खून खराबे के लिए भी जिम्मेदार है।

'तुमसे मुझे बल मिलता है, दीदी।' सुनीता के ये शब्द उसके कानों में गूँज गए। कितना विश्वास करती है सुनीता उस पर।

जहाँ सुनीता दृढ़-प्रतिज्ञ, जीवट और शांत स्वभाव की महिला थी, वहीं रजनी उग्र स्वभाव की थी-और उसकी यही उग्रता सुनीता को अपना लक्ष्य पूरा करने में मदद करती।

लेकिन क्या उसे अपने बारे में सोचने का कोई हक नहीं? छोटी उम्र से ही तो दूसरों के लिए जीती आई है वह। पहले छोटे भाइयों के पालन-पोषण की जिम्मेदारी तो अब उनकी गृहस्थी बसाने की। भाई थोड़ा बड़े हुए तो गाँव भर के दुःख-सुख की जिम्मेदारी उसने स्वेच्छा से अपने सिर पर ली।

कोई समारोह हो या किसी भी परिवार में कोई भी परेशानी, रजनी खबर मिलते ही मदद करने पहुँच जाती। अपने बारे में सोचने का तो मौका ही न मिला। अब अगर कुलदीप उसे अपने बारे में सोचने को कह रहा है तो क्या बुरा है?

वैसे भी, कल दोनों भाई अपने-अपने परिवार में व्यस्त हो जाएँगे। फिर क्या उद्देश्य रह जाएगा उसके जीवन का? अपना घर-परिवार तो बसा नहीं कि उसमें व्यस्त रहे।

'क्या सोचा तुमने?' रजनी को उधेड़बुन में फँसा देख कुलदीप ने सवाल किया।

वैसे उसके चेहरे की भाव-भंगिमा से वह समझ रहा था कि उसका तीर निशाने पर लगा है। रजनी अभी भले ही उसकी मदद करने को राजी न हो, लेकिन कुछ दिन में स्वतः ही 'हाँ' कर देगी।

रजनी का महत्त्वाकांक्षी महिला मन जोर मारने लगा। 'मुझे सोचने का समय दो।' लगभग समर्पण की मुद्रा में रजनी बोली, तो कुलदीप आश्वस्त हो गया।

वह जानता था, रजनी का जवाब उसके पक्ष में ही होगा।

कुलदीप के वैभव की एक झलक देख रजनी वापस चली आई। लेकिन गाँव में किसी को कानों-कान खबर न हुई कि रजनी कहाँ गई थी।

□

चौदह

खेतों का काम खत्म हुआ तो महिलाओं ने एक बार फिर अपने अभियान की शुरुआत की। पिछली कुछ असफलताओं से उन्हें धक्का लगा था और तस्करों का हौसला बढ़ा था।

कुछ तो काम की व्यस्तता और कुछ पिछली असफलताओं ने क्षेत्र का माहौल एक बार फिर खराब किया। इस बीच तस्करों ने निश्चिंत हो अपना व्यापार किया।

और इसी माहौल को देख महिला समूह ने एक बार फिर सक्रियता दिखानी शुरू की। कुलदीप की सच्चाई अब सुनीता के सामने आ चुकी थी और वह अब दुगुनी ताकत से इस व्यवसाय को नेस्तनाबूद करने में जुट गई।

धीरे-धीरे उसने अन्य महिलाओं को भी कुलदीप की असलियत बता दी और एक कान से दूसरे कान तक पहुँचती यह हकीकत अब लगभग पूरे क्षेत्र में फैल गई थी। कुलदीप का राज अब राज न रहा।

जितनी बार भी कुलदीप का जिक्र आता उतनी ही बार पति की मौत का अनदेखा मंजर सुनीता की आँखों में घूम जाता। बरबस मुट्ठियाँ भिंच जातीं, आँखें अंगार उगलने लगतीं। मन में आता वह भी कुलदीप पर उतने ही प्रहार कर उसे भी घिनौनी मौत दे।

लेकिन अगर वह भी कुलदीप की तरह ही सोचने लगी तो उसमें और कुलदीप में क्या अंतर रह जाएगा? उसे सिर्फ स्वयं के लिए नहीं लड़ना, वह तो वीरू की ही तरह सबके लिए लड़ना चाहती है। कुलदीप की हार ही उसके वीरू की हत्या का सच्चा प्रतिशोध होगा।

अभी तक उसके इस अभियान में रजनी ने उसका बढ़-चढ़कर साथ दिया था। घर-घर में उसकी पैठ होने के कारण कई सूचनाएँ उन्हें उपलब्ध हो जातीं। लेकिन सुनीता को लग रहा था कि जब से उसने रजनी को कुलदीप की सच्चाई बताई है, तब से वह उससे कटने लगी है।

'कुलदीप की सच्चाई जानकर आहत होगी शायद।' कुलदीप की प्रशंसा करते हुए रजनी के चेहरे पर उभरती चमक से सुनीता अनभिज्ञ न थी। हो सकता है, ऐसे व्यक्ति से बिना उसके बारे में जाने मेल-जोल बढ़ाने का अपराध-बोध हो रजनी के मन में।

सुनीता के मन में आया, क्यों न रजनी से वह स्वयं ही मिल ले। अनजाने में उससे गलती हो गई तो उसकी सजा वह क्यों भुगते? इस छोटी सी बात के कारण सुनीता, रजनी जैसी सहेली और कर्मठ कार्यकर्ता को नहीं खोना चाहती थी।

बच्चों को स्कूल भेजने के बाद सुनीता एक दिन सुबह-सुबह ही रजनी के गाँव पहुँच गई। रजनी आँगन के एक कोने में ही बैठी बरतन माँज रही थी। सुनीता को देख हाथ धो उठ खड़ी हुई। चेहरा सफेद पड़ गया, मानो कोई चोरी पकड़ी गई हो।

'तबीयत तो ठीक है तेरी?' उसका चेहरा देख सुनीता ने उसका हाथ पकड़ लिया।

'हाँ, ठीक है।' रजनी अभी भी घबराई हुई थी।

अभी पाँच मिनट पहले ही तो कुलदीप का आदमी उससे मिलकर गया था। इतने दिनों के सोच-विचार के बाद अंततः उसने कुलदीप का प्रस्ताव मंजूर कर लिया था।

'तुम अब यहाँ बार-बार मत आना। मैं स्वयं अपना काम कर लूँगी।' उसे हिदायत भी दे दी थी रजनी ने।

और अब यह कैसा संयोग है कि उसके जाने के पाँच मिनट बाद ही सुनीता भी चली आई। कहीं सुनीता ने उसे यहाँ से निकलते देख तो नहीं लिया?

'कैसी बेवकूफ है वह भी। इतने में ही घबरा गई। अगर देख भी लिया हो तो कौन सा उसे पहचानती है सुनीता।' रजनी ने अपनी घबराहट पर काबू पाने का प्रयास किया।

'तू आई नहीं इतने दिन से तो मैंने सोचा, स्वयं ही मिल आऊँ।'

'ठीक किया तूने।' रजनी ने संक्षिप्त जवाब दिया।

रजनी का मन अब भी ठीक नहीं है, सुनीता ने सोचा। इसे समझाना होगा।

'जो हुआ, उसे भूल जाओ। तुम्हें तो पता नहीं था कि कुलदीप क्या करता है। फिर तुम्हें अपराध-बोध क्यों?'

रजनी की मनःस्थिति से अनजान सुनीता उसके जख्मों पर मरहम लगाने का प्रयास कर रही थी।

'सुनीता, वे लोग बहुत खतरनाक हैं। उनके पास पैसा भी है और ताकत भी।'

रजनी के स्वर का कंपन सुनीता ने स्पष्ट महसूस किया। यह क्या हो गया है इसे? निर्भीक व उग्र रजनी कैसे सूखे पत्ते की तरह काँप रही है। यह वही रजनी है क्या, जो पूरे जोश-ओ-खरोश से

आंदोलन को आगे बढ़ा रही थी और साथ में अधिक-से-अधिक लोगों को जोड़ रही थी।

और ऐसा भी नहीं था कि रजनी इन लोगों की ताकत, अपराधी प्रवृत्ति के बारे में पहले से नहीं जानती थी। जानती थी कि क्षेत्र में होनेवाली गुंडागर्दी यहाँ तक कि वीरू की हत्या में भी इन्हीं लोगों का हाथ था। फिर भी, निडरतापूर्वक इन लोगों के विरुद्ध खुलकर सामने आई थी। सच्चाई तो यह है कि यदि रजनी साथ न देती तो उन्हें इतनी सफलता भी न मिलती। उसी रजनी के मुँह से ऐसी बातें सुन सुनीता हतप्रभ रह गई।

'लेकिन यह सब तो तुम्हें पहले भी मालूम था। अब ऐसा क्या हो गया कि तुम…?' सुनीता ने आश्चर्य से पूछा।

'वे बौखला गए हैं, धमकियाँ दे रहे हैं। जब तूने मुझे कुलदीप की असलियत बताई तो मैंने उससे पूछ लिया। बस, तब से पीछे पड़ा है।' और रजनी की आँखों से आँसू निकल आए।

'कोई धमकी दी उसने तुम्हें?'

'मेरा तो क्या है सुनीता, बस दो भाई हैं, उन्हीं के लिए धमकी दे रहा था। लेकिन तू सोच, पति को खो चुकी है, दो छोटे-छोटे बच्चे हैं। भगवान् न करे, कहीं उन्हें कुछ…'

'नहीं, नहीं, ऐसा कुछ नहीं होगा। इतनी हिम्मत नहीं कर सकते वो। हमारा दल बहुत मजबूत है। हमें नुकसान पहुँचाने से पहले वे लोग दस बार सोचेंगे।' सुनीता आश्वस्त थी।

'तू गलतफहमी में है। वे सबकुछ कर सकते हैं।'

कुछ देर तक दोनों में बातचीत चलती रही। इस बातचीत में सुनीता ने यही अंदाजा लगाया कि रजनी डरी हुई है। कुछ तो हुआ है, जिसे

वह छिपा रही है। लेकिन क्या हुआ होगा, इसका अनुमान वह न लगा पाई।

ढेर सारे प्रश्न मन में ही लिये सुनीता वापस चली आई। रजनी क्यों इतना डर गई है, यह उसकी समझ में न आया। उसे तो सपने में भी गुमान न था कि रजनी के मन में क्या चल रहा है।

कुछ दिन बाद फिर रजनी से मिलने का इरादा कर सुनीता गाँव वापस लौट आई।

सुनीता के जाते ही रजनी ने राहत की साँस ली। उसके इस शानदार अभिनय से सुनीता को उस पर शक भी नहीं हुआ।

इस घटनाक्रम से और कोई बहुत दुःखी था तो वह थी कुलदीप की माँ। कुलदीप के बारे में उसके कानों में भी बात पहुँची। सुंदरा का जीना एक बार फिर मुश्किल हो गया।

'क्यों आया ये पापी लौटकर? मैंने तो पहले ही मरा हुआ मान लिया था उसे।' सुंदरा सोचती और उसकी आँखों से झर-झर आँसू बहने लगे।

गाँव में भी जितने मुँह उतनी बातें होतीं। कोई कहता, वो बचपन से ही विश्वास के लायक न था तो कोई उसके ईमानदारी से इतना अमीर हो जाने पर पहले से ही शक की बात करता।

'पढ़ा-लिखा तो वह था ही नहीं। फिर इतना पैसा किसी अच्छे काम से तो कमा नहीं सकता था। मुझे तो पहले ही शक था कि लड़का किसी गलत धंधे में फँस गया है।' कुछ दिनों पहले ही उसकी भूरि-भूरि प्रशंसा करनेवाले सोहन काका ने कहा तो बाकी लोग भी कुछ-न-कुछ कहने लगे।

कुछ दिन पहले तक सबकी निगाहों में नायक बना कुलदीप अब खलनायक बन चुका था। हाँ, अभी भी कुछ युवक ऐसे थे, जो उसके

गुण गाते न थकते। ये वे लोग थे, जो शराब के धंधे में खुलकर उसके साथ थे और उसकी कृपा से उन्होंने अच्छा पैसा बनाया था। इन्हीं के छोटे-कच्चे मकान अब आधुनिक सुविधाओं से लैस पक्के मकानों में बदल चुके थे। इन लोगों के लिए क्यों खलनायक होता कुलदीप।

सुंदरा अपने घर की दीवारों की ओर देखती। कुछ समय पहले यही दीवारें बदरंग थीं। हवा के एक झोंके की तरह कुलदीप वापस आया और सबकुछ बदल गया। पक्की रंग पुती दीवारों ने कच्ची दीवारों का स्थान लिया। वहीं टूटे-फूटे एक कमरे का स्थान पक्के मकान ने ले लिया। कुलदीप की प्रगति से सुंदरा खुश थी, लेकिन अब ये क्या सुन रही है वह? पहले-पहल विश्वास न हुआ। कुछ दिन कुलदीप की प्रतीक्षा की, लेकिन वह भी तब से गाँव नहीं आया।

बुरी तरह से आहत सुंदरा को सुनीता में एक आशा की किरण दिखाई दी। जानती थी, मदनपुर की भागुली की विधवा बहू ने इन शराबियों के विरुद्ध जंग छेड़ी हुई थी।

भागुली और सुंदरा दोनों का पिछला जीवन लगभग समान था। दोनों ने ही छोटी आयु में अपने जीवनसाथी को खोया और अकेले ही अपने एकमात्र पुत्र का लालन-पालन किया। एक ओर भागुली का पुत्र जहाँ अल्पायु में जीवन से हाथ धो अपना नाम अमर कर गया, वहीं सुंदरा का कुपुत्र अपने साथ-साथ अपनी माँ और मृत पिता का भी नाम बदनाम कर रहा है।

'क्या कमी रह गई आंखर मेरे लालन-पालन में?'

सुंदरा मन में यही प्रश्न लिये तेजी से लट्ठी टेकती मदनपुर की ओर जा रही थी।

'बेटी, तू ही बता, अब कुलदीप के बारे में जो बातें हो रही हैं,

क्या वे सच हैं? तेरी बात पर ही विश्वास होगा मुझे।' दीन-हीनों की तरह सुनीता के सामने झोली फैला दी उसने।

सुनीता द्रवित हो उठी। उससे सुंदरा के चेहरे की ओर देखा न गया। क्या दोष है इस माँ का? कैसे कह दे वह उनसे कि उनका कोख-जाया हत्यारा है, पापी है।

सुंदरा आस लगाए सुनीता की ओर देख रही थी। इस समय इस लड़की में ही उन्हें अपना भविष्य नजर आ रहा था। इसकी एक हाँ या ना उनके जीवन को बदल सकती थी। लेकिन वह तो चुप थी बिलकुल चुप।

तो क्या सुनीता की चुप्पी उसकी स्वीकारोक्ति थी? सब लोग ठीक ही कह रहे हैं। उसका बेटा गलत धंधा कर रहा है और इस धंधे में सफल होने के लिए किसी की हत्या करने से भी नहीं चूकता। सुनीता की ओर एकटक देखती सुंदरा की आँखें धुँधला गईं।

थोड़ी ही देर में उनकी सिसकियों की आवाज पूरे घर में सुनाई देने लगी। भागुली देवी और सुनीता खामोश थे। दोनों ही सुंदरा को सांत्वना देने की कोशिश कर रहे थे। लेकिन सुंदरा के मन का बाँध तो आज फूट पड़ने को था।

'मैं तेरी गुनहगार हूँ बेटी, और तुम्हारी भी। मेरी कोख से जनमे उस कपूत ने तुम दोनों की दुनिया उजाड़ दी। मुझे माफ कर देना तुम दोनों।' और सुंदरा ने उनके आगे हाथ जोड़ दिये।

भागुली देवी ने उनके दोनों हाथ अपने हाथों में ले लिये। यह कैसी सजा मिल रही है इसे। जो पाप इसने किया ही नहीं, उसके लिए क्षमाप्रार्थी क्यों? लेकिन साथ ही यह भी समझती थी कि परिवार में कोई भी बुरा काम करे, उसकी काली छाया परिवार के हर आदमी को

डस ही लेती है। सुंदरा को शांत कर सुनीता ने गाँव के ही एक युवक के साथ उन्हें वापस भेज दिया। दुखियारी माँ अपने बेटे का सच जानने के लिए अकेली ही दो मील की दूरी तय कर चली आई थी।

उस वक्त तो मन में एक क्षीण आशा रही होगी कि शायद सुनीता कह दे कि नहीं, उसका कुलदीप इसमें शामिल नहीं। लेकिन अब तो वह आस भी टूट गई। इस टूटी आस को लिये कैसे दो मील की दूरी अकेली पार करेगी वह?

सुंदरा का मन हाहाकार कर रहा था। 'जिस माँ के बेटे को, पत्नी के पति को उसके बेटे ने मौत के घाट उतारा वही माँ, वही पत्नी हत्यारे बेटे की माँ के लिए कितनी सहृदय हैं।' यही सोच-सोचकर मन रो उठता।

घर पहुँची तो उसमें रहने का मन न हुआ। पथराई आँखों से रंग-रोगन पुती दीवारों की ओर देखती सुंदरा को लगता जैसे धीरे- धीरे उन दीवारों का रंग बदल रहा है और अचानक ही वह रंग खून के रंग में तब्दील हो गया। सुंदरा चीख उठी। न जाने कितने निर्दोषों के खून से रँगी हैं ये दीवारें। वह सारी रात सो न पाई, न ही कमरे में रह पाई। बाहर जँगले में ही सारी रात काट दी उस बेचारी ने।

लेकिन अब क्या करें? कहाँ जाए? अंततः रहना तो उसे यहीं पड़ेगा, इसी घर में। इसके अलावा तो कोई ठौर, कोई ठिकाना है नहीं। उसकी यही सजा है। और यह सजा तो उसे भुगतनी ही होगी। उस पाप की जिसने उसकी कोख से जन्म लिया। उसके लालन-पालन में हुई उस कमी की सजा जिसने उसके अंश को पाप के इस गंदे नाले में धकेल दिया।

□

पंद्रह

काली-स्याह रात ने खामोशी की चादर ओढ़ी हुई थी। खामोशी भी ऐसी कि सुई भी जमीन पर गिरे तो उसकी आवाज सुनाई दे। हाँ, सिर्फ झींगुरों की आवाज वातावरण में व्याप्त इस खामोशी को भंग कर रही थी।

रात्रि के इस दूसरे प्रहर में जब सारी दुनिया नींद के आगोश में थी, सुनीता बिस्तर पर करवट बदल रही थी। नींद कोसों दूर थी उसकी आँखों से। अनेक सवाल उसके मस्तिष्क को मथ रहे थे।

सुनीता दुःखी थी और अचंभित भी। दुःखी इसलिए कि उसकी एक सहेली ने इस संग्राम में उसका साथ देने के लिए हाथ खड़े कर दिए और वह भी इतनी जल्दी। दूसरी ओर उसके सामने कुलदीप की माँ का आँसुओं से तर चेहरा आ जाता।

'भगवान् भी उसे माफ नहीं करेगा, बेटी। लेकिन तू मुझे तो माफ कर दे।'

सिसकियों भरे स्वर में उनके कहे गए ये शब्द सुनीता के कानों में गूँज रहे थे।

नहीं कर सकती वह उसे माफ। क्या बुरा किया था वीरू ने, जो उन्हें ऐसी सजा दी गई? इस संघर्ष को तो उसे जारी रखना है।

अभी तो लंबी लड़ाई लड़नी है। यह तो शुरुआत भर है। अभी तो इस आंदोलन में न जाने क्या-क्या मोड़ आएँगे। कितना संघर्ष करना पड़ेगा मंजिल पर पहुँचाने के लिए।

सुनीता समझ चुकी थी कि इस समय शराब तस्करों पर उसके आंदोलन का दबाव है। वह पुलिस और प्रशासन के भी दबाव में हैं। कहीं ऐसा न हो कि वह बौखलाकर कोई ऐसा कदम न उठा लें जिससे किसी को फिर कोई व्यक्तिगत नुकसान पहुँचे। इसलिए सुनीता चाहती थी कि इससे पहले ही वह कुछ ऐसा कर दें कि उनकी कमर टूट जाए।

वह चाहती थी कि रजनी के साथ वह कोई ठोस योजना बना ले और सभी लोग मिलकर उसे क्रियान्वित कर लें।

लेकिन रजनी तो संघर्ष समाप्त होने से पहले ही टूट गई। वह रजनी की मन:स्थिति भाँपने की कोशिश कर रही थी। क्या वास्तव में उसके मन में इतना डर बैठ गया है या फिर कोई और बात है? कहीं ऐसा तो नहीं कि कुलदीप के विरुद्ध संघर्ष करने में उसके मन की दुर्बलता आड़े आ रही है।

यदि ऐसा है तो वह एक बार फिर उससे मिलकर उसे समझाएगी। यदि उसके मन में कोई दुर्बलता है तो उसे उससे पार पाना ही होगा।

दूर कहीं मुर्गे की बाँग की आवाज सुन सुनीता को सुबह होने का एहसास हुआ। अपनी ही सोच में डूबी सुनीता की एक मिनट भी आँख न लगी थी।

सुनीता उठ खड़ी हुई। सारे काम निबटाकर आज उसे फिर रजनी से मिलने जाना था। हो सकता है, पिछले कुछ दिनों में उसकी सोच में कुछ परिवर्तन आया हो।

बच्चों को स्कूल भेज सुनीता रजनी से मिलने चल दी। सड़क पर

उधर की ओर जानेवाली जीप खड़ी थी। लेकिन उसमें एक भी सवारी न थी। जब तक उसकी सवारियाँ पूरी होंगी तब तक तो वह आधा रास्ता पार कर लेगी। यही सोच सुनीता कच्चे रास्ते की ओर बढ़ चली।

'पति का हाल देखकर भी चैन नहीं आया तुझे, जो तूने भी वही काम शुरू कर दिया।' कुछ देर से उसके पीछे-पीछे चलता युवक अचानक उसके सामने आकर खड़ा हो गया।

सुनीता का हाथ तुरंत अपनी कमर पर चला गया, जिसमें तेज धारवाली दराँती ठूँसी हुई थी।

'खैरियत चाहती है तो चुपचाप घर में बैठ और अपने बच्चे पाल, वरना वे ही नहीं रहेंगे तो फिर किसके लिए जिएगी तू?'

'तुम्हारी लड़ाई मुझसे है। मेरे बच्चों को मत घसीटो इसमें।' सुनीता गुर्राई।

'चल ठीक है, उन्हें छोड़ दिया। लेकिन तुझे कैसे छोड़ दें?' और उसने अजीब सी निगाहों से सुनीता को ऊपर से नीचे की ओर घूरा।

सुनीता सिहर उठी। घृणा की लहर उसके रोम-रोम में समा गई। दराँती की मूठ पर उसकी पकड़ और मजबूत हो गई।

'अभी तो सिर्फ कहा ही है, किसी दिन करके भी दिखा दूँगा।' और कुटिलता से मुसकराता वह युवक तेज-तेज डग भरता उससे आगे निकल गया।

सुनीता जहाँ खड़ी थी वहीं खड़ी रह गई। क्रोध और डर के मिले-जुले भाव से उसका पूरा शरीर काँप गया। इतना समय हो गया, अभी तक किसी की इतनी हिम्मत न हुई थी कि उसका रास्ता यूँ रोक लेता।

उसके साथ आज महिलाओं की पूरी शक्ति है। आसपास के

सुसंस्कृत और संस्कारित लोग भी उसके साथ हैं, तब भी उनकी हिम्मत बढ़ रही है।

सुनीता को स्मरण हो आया, जब भी वह वीरू से इस बारे में अपना डर, अपनी आशंका व्यक्त करती तो वह भी यही कहते थे कि उनकी इतनी हिम्मत नहीं हो सकती कि मेरा और मेरे परिवार का नुकसान करें।

लेकिन आखिर हुआ वही जिसका उसे डर था। भरे बाजार हत्या कर दी उन्होंने वीरू की और सजा से भी बच निकले। कानून भी कुछ न बिगाड़ पाया उनका।

उसे अपनी जान की तो परवाह नहीं। मरना तो है ही एक न एक दिन सबको। कुछ अच्छा करके मरेंगे तो लोग भी याद रखेंगे। किंतु उसे चिंता थी अपने अबोध बच्चों की, जिनके सिर से असमय ही पिता का साया उठ गया था। आज उस बदतमीज युवक की बातों से उसके जेहन में एक और चिंता ने जन्म ले लिया।

कैसी घृणित दृष्टि थी उसकी। उसकी बातों का मतलब न समझ पाई हो, इतनी नादान नहीं थी सुनीता। ऐसी स्थिति आने से पहले यूँ तो सुनीता अगले की जान ले लेगी या स्वयं को मौत के घाट उतार देगी, लेकिन अपनी इज्जत पर आँच न आने देगी। और यही सोचते हुए उसका हाथ एक बार फिर दराँती पर चला गया। मानो आश्वस्त होना चाहती हो कि उसका हथियार सुरक्षित है।

अब उसे महसूस हुआ कि वीरू कितने खतरनाक लोगों के विरुद्ध लड़ रहा था। पति के आखिरी दर्शन भी ढंग से न कर पाई थी वह। उसके शरीर पर हुए जख्मों को देखकर सुनीता उनकी दरिंदगी की सीमा देखना चाहती थी, लेकिन देख न पाई। मन–ही–मन कल्पना करती और

उसका गरम लहू कनपटियों में बहने लगता।

लेकिन रजनी इतनी कमजोर क्यों पड़ रही है? अभी तो उसने सिर्फ सुनीता के सामने ही अपनी कमजोरी प्रकट की है, लेकिन यही बात अगर वह चार-छह महिलाओं के सामने कह दे तो उनका तो मनोबल ही ध्वस्त हो जाएगा। इसके लिए रजनी को समझाना सबसे ज्यादा जरूरी था।

इन्हीं विचारों में डूबती-उतराती सुनीता रजनी के आँगन में कदम रख ही रही थी कि वहाँ से आते पुरुष-स्वर को सुन चौंक गई।

'आज तो मैंने भी डरा दिया है उसे। अब तुम एक बार फिर कोशिश करो तो मान ही जाएगी।'

'हाँ, अब मैं स्वयं ही एक बार उससे मिलूँगी। वैसे तो बहुत निडर महिला है, लेकिन अपने लिए नहीं डरेगी तो बच्चों के लिए तो डरेगी।' रजनी का फुसफुसाता स्वर उभरा।

'अरे दीदी, बस ये आंदोलन खत्म करवा दो तो कुल्लू भाई भी खुश और आपकी कुरसी भी पक्की।'

'बस-बस, ज्यादा मत बोल। तू जा यहाँ से। किसी ने देख लिया तो सब गुड़-गोबर हो जाएगा।' सुनीता रजनी का चेहरा तो न देख पाई, लेकिन उसके स्वरों में उसकी प्रसन्नता स्पष्ट झलक रही थी।

युवक तेजी से बाहर निकल गया। सुनीता ने अपने आपको एक पेड़ की ओट में कर लिया। वही था, जिसने उसे रास्ते में धमकी दी थी।

सुनीता सोच में पड़ गई। क्या सोचकर आई थी और क्या हो गया? अपनी महत्त्वाकांक्षा के लिए रजनी इस हद तक गिर जाएगी उसे कतई ऐसी उम्मीद न थी।

पल भर के लिए सुनीता सन्न रह गई। लेकिन तुरंत ही उसने अपने आपको सँभाल लिया। मुझे अब रजनी को समझाने की आवश्यकता भी नहीं है। अब तो उससे कुछ और ही बात करनी होगी।

यही सोचकर कुछ देर तक सुनीता वहीं खड़ी रही। तुरंत रजनी के सामने जाकर वह उसे शक नहीं होने देना चाहती थी।

कुछ देर बाद जब सुनीता रजनी के आँगन में दाखिल हुई तो रजनी किसी पहाड़ी गाने की धुन गुनगुना रही थी।

'बहुत खुश लग रही हो आज।' सुनीता ने मुसकराते हुए उसके घर में प्रवेश किया।

'नहीं-नहीं सुनीता, वो तो बस ऐसे ही…।' रजनी घबरा गई मानो चोरी पकड़ी गई हो।

'बहुत दिनों से तुम्हारी बातों पर मनन कर रही थी। बहुत सोचा, इसी नतीजे पर पहुँची कि तुम गलत नहीं हो।'

रजनी का कलेजा मुँह को आ गया। क्या कहना चाहती है सुनीता? क्या वह सचमुच हार मानने को तैयार है? लेकिन इतनी आसानी से कैसे हार मान सकती है सुनीता? उसके मन की दृढ़ता, शराब माफियाओं के प्रति उसके मन के आक्रोश को रजनी ने बहुत नजदीक से देखा था। रजनी साँस रोककर सुनीता की अगली बात सुनने की प्रतीक्षा कर रही थी।

'ये लोग बहुत बुरे हैं, किसी भी हद तक जा सकते हैं। और फिर, हम ठहरीं औरत जात। हमें तो अपनी इज्जत की भी परवाह करनी पड़ती है। कल कोई ऊँच-नीच हो गई तो कहीं मुँह दिखाने लायक नहीं रहेंगी।'

'हाँ सुनीता, ठीक कहती हो तुम। इज्जत खो देना तो हमारे लिए

जान देने से भी अधिक कष्टकारी होगा।' रजनी ने सुनीता की बात समाप्त होते ही उतावलेपन से कहा।

सुनीता मन-ही-मन मुसकराई, कितना अच्छा नाटक कर रही है रजनी। अपनी छोटी सी महत्त्वाकांक्षा के लिए इतनी संघर्षशील महिलाओं को धोखा देने की लज्जा का नामोनिशान भी इसके चेहरे पर नहीं। सुनीता को घृणा हो आई रजनी से। लेकिन मन के भाव चेहरे पर नहीं आने दिए उसने; बल्कि आँखों में आँसू ला अपने बच्चों की सुरक्षा का भी रोना रो दिया।

'तुम्हें क्या बताऊँ सुनीता, जब से मैंने कुलदीप की असलियत जानी है तब से तो वह मेरे पीछे ही पड़ गया है। न जाने कितनी बार धमकी दे चुका है।' रजनी भी सुबक उठी।

'हमारे लिए अब यही ठीक होगा कि ये आंदोलन अब यहीं समाप्त कर दिया जाए। सारी दुनिया का ठेका हमने नहीं लिया है। जिनके घर के लोग शराबी हैं वे स्वयं सुधारें उन्हें। कल हमें कुछ हो जाएगा तो कौन सँभालेगा हमारे परिवार को?'

सुनीता ने दो-टूक शब्दों में रजनी से कह दिया।

रजनी को उम्मीद न थी कि सुनीता इतनी जल्दी हार मान लेगी। खुशी उसके चेहरे से फूट पड़ रही थी। ब्लॉक प्रमुख की कुरसी अब उसे बहुत करीब नजर आ रही थी। साथ ही कहीं मन में कुलदीप का साथ पाने की इच्छा भी बलवती हो उठी थी।

'अगर वे लोग तुझसे मिलेंगे तो बता देना उन्हें, हमने उन्हें छोड़ दिया। अब वे बेखौफ अपना काम कर सकते हैं।' सुनीता का तेज स्वर सुन रजनी एकाएक कल्पना-लोक से लौट आई।

'नहीं-नहीं, मुझे कहाँ मिलेगा कोई और क्यों मिलेगा?' रजनी की

जुबान लड़खड़ा गई। सुनीता की इस बात का जल्दी से उसे कोई जवाब न सूझा।

'नहीं-नहीं, मैंने ऐसा कब कहा कि तुझे मिलेंगे। तू ही तो कह रही थी कि धमकी देते हैं। जब धमकी देंगे, तभी कह देना तू।' सुनीता रजनी की घबराहट देख मन-ही-मन प्रसन्न हो रही थी।

थोड़ी देर और वहाँ रुक सुनीता वापस चली आई, लेकिन इस बार उसने पैदल रास्ते न चल सड़क मार्ग से आना उचित समझा। अब उसकी समझ में आ रहा था कि अचानक ही इन अराजक तत्त्वों के हौसले इतने कैसे बढ़ गए। उन्हीं लोगों के बीच एक विभीषण जो मिल गया था उन्हें। और विभीषण भी ऐसा, जो काफी शक्तिशाली था।

वह तो अच्छा हुआ, जल्दी ही सुनीता को रजनी की हकीकत पता चल गई, नहीं तो अनर्थ हो जाता। लेकिन अब क्या करे वह? आज रजनी ने साथ छोड़ा, कल कोई और भी ऐसा कर सकता है। ऐसे में कैसे करेगी वह वीरू का सपना पूरा? क्या वीरू के हत्यारे ऐसे ही खुले में साँस लेते रहेंगे और अपने कुत्सित सपनों को पूरा करते रहेंगे?

उसे लगा जैसे सैकड़ों तेज धार चाकू उसके शरीर के विभिन्न हिस्सों में घोंप दिए गए हों। एक अजीब से दर्द से कराह उठी सुनीता। उसे वीरू का स्मरण हो आया। कितना दर्द सहन किया होगा उसने। वही दर्द नश्तर बनकर मानो उसके अंग-अंग में उतर आया।

घर पहुँचकर भी सुनीता अनमनी-सी रही। चुपचाप अपनी ही सोच में गुम। सास ने कुछ पूछा, हाँ-ना में जवाब देकर फिर वही चुप्पी।

सास परेशान। क्या हुआ आखिर बहू को? काम भी ऐसा करती है कि हर वक्त डर बना रहता है। कहीं किसी ने कुछ कहा तो नहीं?

'बेटी, तू परेशान लग रही है। क्या हुआ, मुझे भी तो बता?' उनसे

न रहा गया तो वह जिद पर उतर आईं। इकलौते बेटे को खो देने के बाद यही तो उनका सहारा थी। सुनीता और उसके बच्चे में ही उनका भविष्य था।

'सब ठीक है, माँ। बस यूँ ही कुलदीप की माँ का खयाल आ गया।' सुनीता ने अपनी परेशानी की बात छुपाकर बात दूसरी ओर मोड़ दी।

'कितने स्वच्छ और कोमल मन की है, बहू।' भागुली देवी ने सोचा। जिसके बेटे ने उसके जीवन से सबकुछ छीन लिया, उसी की माँ की चिंता है इसे।

□

सोलह

रजनी खुश थी, बहुत खुश। आखिर सुनीता ने समर्पण कर ही दिया।

'रजनी! सचमुच बहुत अच्छा अभिनय किया तूने। आखिर डरा ही दिया उसे। बहुत शेरनी बनी फिरती थी पूरे क्षेत्र में।' अपने आपसे बातें करते हुए रजनी खिलखिलाकर हँस पड़ी।

खुशी से झूमती रजनी से कुछ देर के लिए भी सब्र न हुआ। एक ओर जहाँ उसे क्षेत्र पंचायत प्रमुख की कुरसी नजर आ रही थी तो दूसरी ओर कुलदीप जैसा शख्स भी उसे अपनी मुट्ठी में आता दिखने लगा था।

उसके कारोबार का एक बहुत बड़ा रोड़ा हटाकर वह उस पर एहसान ही तो कर रही थी। यदि कल उसने रजनी से कोई होशियारी करने की कोशिश की तो वह दुबारा आंदोलन करने की धमकी देकर उसे चुप करा देगी। सुनीता समेत गाँव की अन्य महिलाएँ तो वैसे भी पहले से ही उसके पक्ष में हैं। इन्हीं विचारों में डूबती-उतराती रजनी के कदम तेजी से कुलदीप के सहयोगी के गोदाम की ओर बढ़ रहे थे।

'आज ही जाकर अपने भाई को खबर दे दो, सुनीता ने हथियार डाल दिए हैं। अब उन्हें यहाँ काम करने से रोकनेवाला कोई नहीं।' उत्साह और खुशी उसके अंग-अंग से फूटती प्रतीत हो रही थी।

'यह तो बहुत अच्छी खबर सुनाई आपने। लेकिन ये संभव आप ही के कारण हुआ। यह तो आपके समझाने का तरीका था, जो सुनीता

जैसी महिला भी सहम गई। मैं आज ही शहर जाकर कुल्लू भाई को यह खुशखबरी देता हूँ।' रजनी द्वारा बताई गई सूचना से वह अत्यंत प्रसन्न हुआ।

प्रफुल्लित मन लिये रजनी वापस आ गई। कितना खुश होगा कुलदीप। कुलदीप के लिए कुछ अच्छा कर उसे आत्मिक संतोष हुआ।

कैसा लगाव था यह दोनों के बीच, जो विध्वंसक और बुरे कार्यों में सहयोगी बन रहा था। किसी के प्रति लगाव और स्नेह तभी सार्थक है जब वो एक-दूसरे को उठाने का प्रयास करे, उनकी प्रगति में सहायक हो; लेकिन इस लगाव ने तो रजनी को रसातल में धकेल दिया था। शायद यह मन का लगाव न होकर निहित स्वार्थों का रिश्ता था।

कुछ दिन बीत गए। चारों ओर शांति थी। अवैध शराब का कारोबार दिन दुगुनी और रात चौगुनी तरक्की कर रहा था।

प्रभावित महिलाएँ परेशान थीं। सुनीता और रजनी की खामोशी उनकी परेशानी को और बढ़ा रही थी। क्या हो गया है इन दोनों को? क्यों दोनों कोई कदम नहीं उठा रहे इस माहौल को बदलने के लिए। लेकिन उनमें से कोई नहीं जानता था कि दोनों के मन में क्या चल रहा है।

एक ओर रजनी जहाँ निश्चिंत और प्रसन्न थी वहीं दूसरी ओर सुनीता विचारमग्न। सुनीता की चुप्पी से विरोधियों के हौसले बढ़े हुए थे।

सुनीता की समझ में नहीं आ रहा था कि अब वह क्या करे? उसकी चुप्पी को देख दल की महिलाओं ने भी ताने देने आरंभ कर दिए। सुनीता कुछ ऐसा करना चाहती थी जिससे कुलदीप और उसके साथियों का इस क्षेत्र से नामोनिशां मिट जाए। लेकिन कैसे करे और क्या करे? आगे के लिए उसे एक ठोस रणनीति बनाने की आवश्यकता थी, जिसमें कुछ विश्वस्त लोगों का साथ होना जरूरी था।

लेकिन रजनी की इस धोखाधड़ी के बाद किस पर विश्वास करे सुनीता। अगर रजनी जैसी महिला उनके बहकावे में आ सकती है तो

बाकी लोगों का क्या भरोसा?

इन्हीं विचारों में गुम सुनीता को एक नई दिशा मिली, जब रजनी कुलदीप का पैगाम ले उसके पास आई। डरे-सहमे से भाव चेहरे पर ला उसने कुलदीप की निर्लज्ज माँग उसके सामने रख दी-

'वे चाहते हैं, हम सब लोग उनसे माफी माँगें। विशेषकर तू और मैं। क्योंकि हमने ही उन्हें सबसे ज्यादा नुकसान पहुँचाया है।'

सुनीता का तन-मन सुलग उठा। उसका मन किया, अभी इसी वक्त इस दोगले चरित्र की रजनी का झोंटा पकड़ इसे घर से बाहर निकाल दे; लेकिन वह ऐसा कर न पाई। उसके सामने उसकी असलियत से अनभिज्ञ ही रहना चाहती थी सुनीता।

'तो क्या कहती है तू? क्या उनकी बात माननी चाहिए? यह तो सरासर अपमान है हमारा। उनकी बात मानकर आंदोलन तो खत्म कर ही दिया है हमने।' सुनीता ने रजनी पर ही पासा फेंक दिया।

'कह तो ठीक रही है तू, लेकिन ऐसा न हो, वह हमारा कुछ बुरा कर दें। तू तो अपने बच्चों के लिए भी डर। वे ही तो तेरे वीरू की अंतिम निशानी हैं।'

सुनीता को लगा जैसे कुलदीप की भाषा को रजनी के मुँह से सुन रही हो। कुलदीप सीधे-सीधे धमकी देता, ये अप्रत्यक्ष रूप से यही बात कह रही है।

अगर माफी माँगने से ही इस नाटक का पटाक्षेप होता है तो उसे 'हाँ' कर ही देनी चाहिए।

'ठीक ही कह रही है तू। मुझे अपना नहीं तो बच्चों का खयाल तो रखना ही चाहिए। पता करना, कहाँ और कैसे माफी माँगनी होगी।' ऐसा कहते हुए सुनीता के स्वर में गहन पीड़ा महसूस की रजनी ने। लेकिन इस पीड़ा के पीछे छुपा राज न जान पाई।

'रजनी, तू इस बात का जिक्र अभी किसी से न करना, वरना सब लोग भड़क जाएँगे। मैं स्वयं ही सबको समझाऊँगी।' सुनीता कूटनीतिपूर्वक

रजनी को भी विश्वास में लेना न भूली।

'ठीक है, मैं अभी किसी से यह बात न कहूँगी और तुझे बता भी दूँगी कि वे क्या चाहते हैं। हो सकता है, वे तुझ ही से संपर्क करने का प्रयास करें।'

कुलदीप ने बहुत सोच-समझकर यह दाँव खेला था। अभी कुछ तो डर से, तो कुछ रजनी के हाथ पीछे खींच लेने के कारण सुनीता फिलहाल चुप बैठ गई थी। लेकिन इस बात की क्या गारंटी थी कि कल उसे कोई और रजनी नहीं मिल जाएगी या वह अपने इसी दल में कई और रजनियों को पैदा नहीं कर देगी?

इस आंदोलन को अगर समूल समाप्त करना है तो सुनीता को झुकाना जरूरी है। इस समय लोहा गरम है तो चोट करने का सही वक्त भी यही है।

एक बार अगर सुनीता ने सिर झुका दिया तो लंबे समय तक इस क्षेत्र में उसका विरोध करनेवाला कोई न होगा। और इसी सोच के चलते उसने सुनीता तक इस बात को पहुँचाने का जोखिम उठा ही लिया।

लेकिन मन में संशय था, पता नहीं सुनीता इस बात के लिए राजी होगी भी या नहीं। अगर रजनी की बात उसकी समझ में आ जाए तो अच्छा, अन्यथा स्वयं प्रयास करने का मन बना लिया था कुलदीप ने। इस संघर्ष का अंत करना ही उसका ध्येय बन गया था।

कुलदीप बेसब्री से सुनीता के जवाब की प्रतीक्षा कर रहा था। यूँ तो उसका कारोबार बहुत फैला हुआ था और इस क्षेत्र में फैले कारोबार से होनेवाली कमाई उसकी पूरी आमदनी का अंश मात्र थी, किंतु कुलदीप ने इसे अपनी प्रतिष्ठा का प्रश्न बना लिया था। वह किसी भी कीमत पर इस जंग को हारना नहीं चाहता था।

उसे अधिक प्रतीक्षा न करनी पड़ी। रजनी स्वयं ही आई थी इस खुशखबरी को उस तक पहुँचाने के लिए बड़ी उत्साहित थी वह।

'इतनी आसानी से कैसे तैयार हो गई सुनीता?'

कुलदीप इस बात पर सहसा यकीन नहीं कर पा रहा था। आज तक जितना उसने सुनीता के विषय में लोगों के मुँह से सुना था, या फिर जितना उसे एक मुलाकात में वह समझ पाया था, सुनीता इतनी आसानी से हार मानकर झुकनेवालों में नहीं थी। वह सोच में पड़ गया।

'कहीं दाल में कुछ काला तो नहीं। रजनी ने समझने में जरूर कोई भूल की है, अंदर अपराध बोध हो तो तमाम आशंकाएँ उपजती हैं, इन्हीं आशंकाओं से घिरे कुलदीप ने स्वयं ही एक बार गाँव जाने का मन बनाया।

जब से कुलदीप की असलियत गाँववालों के सामने आई थी तब से वह गाँव आया भी नहीं था। माँ की भी खबर न ली। दोस्तों से ही पता चला था कि उसकी असलियत जानने के बाद वह उसकी शक्ल भी नहीं देखना चाहती। कोई उसका नाम लेता है तो फफक पड़ती है बेचारी और फिर खूब कोसने लगती है, उसे भी और खुद को भी।

'माँ न देखना चाहे मेरी शक्ल, मुझे क्या फर्क पड़ता है। मैं जिस उद्देश्य के लिए गाँव गया था वह तो हासिल हो ही जाएगा।' कुलदीप ने बेचारी बूढ़ी माँ की भावनाओं का इस्तेमाल भी अपने कुत्सित उद्देश्य के लिए किया था। उनकी भावनाएँ आहत कर उसे कोई फर्क भी न पड़ता था। यदि उस क्षेत्र में वीरू नाम के शख्स से उसे चुनौती न मिली होती तो वह कभी गाँव लौटने की सोचता भी नहीं।

कुलदीप गाँव आया, लेकिन अपने घर माँ के पास नहीं गया। दूसरे गाँव में अपने एक पार्टनर के घर पर ठहरा। उसके आने की खबर मिल गई सुंदरा को भी।

'सुना तेरा कुलदीप आया है।' गाँव की ही एक बुजुर्ग महिला बोली।

'कौन कुलदीप?' सुंदरा के सवाल में तिरस्कार भरी पीड़ा थी।

'बेटे ने कहीं का न छोड़ा, पागल हो गई बेचारी।' तरस खाती वह अपनी साथी महिला से बोली।

पगलाई सी सुंदरा अपने काम में लग गई। सचमुच पागल ही तो हो गई है वह। ऐसा कपूत जनने के बाद तो कोई भी माँ हो पागल हो ही जाएगी। काश वह निपूती ही रहती। तब एक दर्द होता औलाद न होने का, लेकिन अब तो हजार दर्द हैं। कैसे झेले वो इन्हें? यही सोचते हुए आँखों में आँसू भर आए। पहले से धुँधली पड़ गई उसकी आँखों की रोशनी और कम हो गई।

ये खबर रजनी को भी मिली और सुनीता को भी। शाम के धुँधलके में रजनी कुलदीप को मिल भी आई।

'आप क्यों आए अभी यहाँ?' अधिकारपूर्वक पूछा रजनी ने।

'स्वयं आकर देखना चाहता था कि सुनीता सच बोल रही है अथवा इसमें भी उसकी कोई गहरी चाल है।' कुलदीप अभी भी इस बात पर विश्वास नहीं कर पा रहा था।

'जब तक काम पूरा न हो जाए तब तक कुछ नहीं कह सकते। मेरी तो खुद समझ में नहीं आ रहा कि वह इतनी जल्दी तैयार कैसे हो गई? अगर आप ठीक समझें तो मैं एक बात कहूँ।'

'हाँ-हाँ, बोलो। तुम जो कहोगी वो हमारे हित में ही होगा।' कुलदीप उसका हौसला बढ़ाकर इस विभीषण को हर तरह से अपने पक्ष में रखना चाहता था।

'उसे मुझ पर शक हो सकता है। इसलिए अब आगे की बात आपके साथी स्वयं करें तो ठीक रहेगा। बजाय इसके कि मैं उसे खबर करूँ कि हमें आगे क्या करना है, वह मुझे आपके हवाले से बताएगी तो ठीक रहेगा।'

'बहुत अच्छा सुझाव है तुम्हारा। अब सुनीता स्वयं हमारा संदेश लेकर तुम्हारे पास आएगी। तुमने हमारी बहुत मदद की है रजनी, हम इसे कभी नहीं भूलेंगे। चुनाव के खर्चे की बात तो पक्की है ही, उसके अलावा भी कभी कोई काम हो तो बेहिचक कह देना।'

कुलदीप रजनी को स्वयं अपनी गाड़ी में बिठाकर गाँव से कुछ

दूर तक छोड़ गया।

कुलदीप की बात सुन रजनी की धमनियों में लहू की गति तीव्र हो गई। किसी तरह मन की भावनाओं पर काबू पा रजनी घर चली आई।

रजनी की सलाह मान कुलदीप ने अपने आदमियों को सुनीता के पीछे लगा दिया। कुछ ही दिनों में पूरे क्षेत्र में खबर फैल गई कि सुनीता और रजनी ने अपना आंदोलन समाप्त कर दिया और अब वह पूर्व में हुई अपनी गलतियों के लिए उससे माफी माँगने को भी तैयार है।

वैसे भी इस बीच कुछ लोगों ने सुनीता को वक्त-बेवक्त रोकना-टोकना आरंभ कर दिया था। कभी उसे धमकी देते तो कभी बच्चों को लेकर धमकियाँ मिलतीं।

एक दिन दोनों बच्चे स्कूल से लौटे तो दोनों के हाथ चॉकलेट से भरे थे।

'ये कहाँ से आई?' सुनीता ने पूछा।

'एक अंकल ने दिए और कहा, अगर तुम्हारी माँ हमारी बात मान जाए तो वो हमें और भी बहुत सारी चॉकलेट देंगे।' बच्चों ने तो मासूमियत से अपना जवाब दे दिया, लेकिन सुनीता सन्न रह गई। ये लोग यहाँ तक पहुँच गए, किसी अनहोनी की आशंका से वह सिहर उठी। पर अगले ही पल उसने मन मजबूत किया।

इस नाटक का पटाक्षेप करना ही होगा अब।

यही सोच उसने पहले तो अपने दल की महिलाओं की बैठक बुलाई और फिर उनसे हाथ जोड़कर माफी माँगते हुए बोली, 'वे अब मेरे बच्चों को भी धमकी देने लगे हैं, उनकी जिंदगी का खतरा मोल नही ले सकती मैं।' सभी महिलाएँ एकाग्रचित्त हो सुनीता की बात सुन रही थीं।

'क्या अब तुम्हें अपने पति की मौत याद नहीं रही? क्या अब तुम्हें गाँव और आसपास का माहौल खराब होता नहीं दिखता?' उन्हीं में से एक महिला ने रोषपूर्ण स्वर में कहा। वह पूर्व में स्वयं अपने शराबी पति

द्वारा प्रताड़ित महिला थी, जिसका पति इस आंदोलन के बाद अब काफी सुधर गया था।

सब याद है उसे, रजनी ने लोगों को समझाना आरंभ किया और साथ ही अपनी औरत होने की विवशता और विरोधी के ताकतवर होने की व्यथा भी सुना डाली।

'अगर आपके पति-बच्चों पर कल कोई खतरा मँडराने लगे तो आप लोग क्या करेंगी?' रजनी के इस प्रश्न का उत्तर किसी के पास न था।

ठीक ही तो कह रही थी रजनी, अगर उनके पति या बच्चों की जान पर बन आए अथवा कोई उनकी स्वयं की इज्जत से खेलने का प्रयास करे तो क्या करेगी? क्या मिलेगा ऐसे समाज-सुधार से, जो उनका स्वयं का घर ही तबाह कर दे।

फिर भी कुछ ऐसी महिलाएँ थीं जिन्होंने इन सब खतरों के बाबजूद सुनीता और रजनी के इस निर्णय को गलत ठहराया। यहाँ तक कि उनकी सुनीता और रजनी से लंबी बहस तक हो गई। सुनीता को कुछ ऐसे ही लोगों की तलाश थी। उसकी समझ से यही लोग थे, जो रजनी की तरह उसे मझधार में नहीं छोड़ेंगे।

इस मीटिंग के समाप्त होने के बाद सुनीता अपने अभियान में जुट गई। अपने साथ अधिक भीड़ न इकट्ठी कर उसने तीन-चार विश्वस्त महिलाओं से विचार-विमर्श किया, अपनी रणनीति को उसने गुप्त ही रख अन्य महिलाओं को भी उसे गुप्त रखने को कह दिया। आंदोलन त्यागने की पीड़ा, वह भी इस अपमानजनक तरीके से, उनकी आँखों में स्पष्ट परिलक्षित हो रही थी।

उन्हीं महिलाओं से बार-बार मिली। इस आंदोलन और उससे उपजे खतरों के बारे में अलग-अलग बात की। उनके मन को समझने की कोशिश की। जहाँ एक ओर उन्हें औरत होने की मजबूरी बताई, वहीं दूसरी ओर तथाकथित अबला में सन्निहित असीमित और अतुलनीय

शक्तियों की याद दिलाना भी न भूली।

'यदि हम सभी देवियों का रूप हैं, माँ दुर्गा हैं, काली हैं तो फिर डर के मारे हथियार डालकर इस आंदोलन, इस जन-जागृति के अभियान को त्याग देने का मतलब?

तुम क्यों हमें इस तरह से धोखा दे रही हो? क्यों इस तरीके से उस अपराधी के आगे घुटने टेककर आत्म-समर्पण कर रही हो? क्या तुम्हें वीरू की नृशंस हत्या आज याद नहीं? अरी, इससे अच्छा तो उस गुंडे के आगे जान दे देतीं तुम!'

सुमित्रा दीदी का क्रोध एक सीमा तक सही लगा सुनीता को। एक बहादुर सैनिक की अर्धांगिनी से इसी साहस और बेबाकी की ही आशा थी उसे।

चुपचाप उसकी बातें सुनती रही और जब सुमित्रा अपने मन की भड़ास निकाल चुकी तो सुनीता शांत स्वर में बोली, 'दीदी ठीक कहती हैं। हम देवियों का रूप अवश्य हैं, किंतु जोश में होश खो देने से तो काम बनेगा नहीं। अपनी इस दैवी शक्ति का हमें सही समय पर उपयोग करना ही होगा।'

इसके उपरांत काफी देर तक सुमित्रा और सुनीता के बीच मंत्रणा होती रही। आखिरकार सुमित्रा भी सुनीता की दलीलों से संतुष्ट हो गई और पुनः शीघ्र मिलने का वादा कर चली आई। सुनीता प्रसन्न थी कि चलो, सुमित्रा के सम्मुख वह अपनी बात पूरी मजबूती के साथ रख पाई।

ऊपर से शांत दिखाई देनेवाले माहौल में अंदर ही अंदर क्या गुल खिल रहा था, यह सब तो भविष्य के गर्त में छुपा हुआ था। सुनीता और उसकी सहयोगियों का यह अभियान अब किस करवट बैठने वाला था, उनके विरोधियों को इसकी भनक तक न थी।

कुलदीप का संदेश मिल चुका था। वह क्षेत्र के कुछ गण्यमान्य लोगों की उपस्थिति में सुनीता और रजनी से मिलना चाहता था। वहीं सुनीता तैयार थी, लेकिन एक शर्त उसने रखी थी कि कुलदीप के साथ

उसके कोई साथी नहीं होंगे।

कुलदीप राजी हो गया। सुनीता की शर्त मानने में उसे कोई हानि भी नहीं थी। वह तो उसे क्षेत्र के उन लोगों के बीच नीचा दिखाना चाहता था, जो उसी का समर्थन करते थे। उन्हें बताना चाहता था कि उसका विरोध करके कोई रह नहीं पाएगा। यहाँ पर इस क्षेत्र में अब उसका एकच्छत्र राज्य है। पूरे क्षेत्र में खबर फैल चुकी थी कि सुनीता और रजनी कुलदीप से माफी माँगेगी। किसी को विश्वास नहीं हो रहा था कि कल तक उसके खिलाफ रणचंडी बनी ये देवियाँ आज उस राक्षस के आगे नतमस्तक हो गई हैं।

जितने मुँह उतनी बातें। कोई औरत जात कहकर सहानुभूति व्यक्त करता तो कोई उन्हें कायर कहता। कुछ लोगों को तो यह भी शक था कि पति की मौत का हरजाना वसूल लिया है सुनीता ने कुलदीप से। जिन लोगों की उपस्थिति में यह सभा बुलाई गई थी वे लोग भी महिलाओं के आंदोलन के इस तरह के पटाक्षेप से दुःखी थे, वीरू ने जो संघर्ष का बीज बोया था, उसी को हवा और पानी देकर पोषित किया था सुनीता के आंदोलन ने। वीरू की मृत्यु के बाद जो अराजकता इस क्षेत्र में फैली थी उसे दूर करने में सुनीता का योगदान महत्त्वपूर्ण था।

वह दुःखी थे कि सुनीता के लिए वह कुछ न कर पाए। अगर वह उसकी मदद कर पाते तो उसे यूँ बेइज्जत न होना पड़ता।

कुलदीप खुश था, रजनी खुश थी, कुलदीप के सहयोगी खुश थे। सुनीता की हार उनकी बहुत बड़ी जीत थी।

रजनी इस बीच दो-तीन बार सुनीता से मिलकर उसकी मनःस्थिति भी भाँप आई। कहीं ऐसा तो नहीं उसके मन में कुछ और चल रहा हो। लेकिन नहीं, कहीं कुछ नहीं, सिर्फ उस दिन की प्रतीक्षा जिस दिन सबकुछ समाप्त होने वाला था। सुनीता अपने सिर से एक बोझ उतारने की तैयारी में थी।

□

सत्रह

स्वयं को पूरी तरह से तैयार कर लिया था सुनीता ने। साथ ही बहुत सारे लोग भी उस दिन की प्रतीक्षा में थे। कुलदीप ने जान-बूझकर ऐसा दिन चुना था जिस दिन क्षेत्र में एक मेला भी था। इसी शुभ पर्व पर वह अपनी खुशियों को भी दोगुना कर देना चाहता था।

अपनी बहू के इस फैसले से भागुली देवी भी दुःखी थीं, परेशान थीं। लेकिन मन-ही-मन सुकून भी महसूस कर रही थीं। इसी संघर्ष में अपने इकलौते बेटे को खो चुकी भागुली देवी अब अपनी बहू को नहीं खोना चाहती थीं। लेकिन अब तक सुनीता के दृढ़ संकल्प के आगे वह चुप ही रही थीं।

सुनीता की चुप्पी उन्हें परेशान कर रही थी। सुनीता ने इस बीच सबसे मिलना छोड़ दिया था। सिर्फ कभी-कभी अपनी तीन-चार सहेलियों से मिलती और उनके बीच में भी क्या बात होती, भागुली समझ न पाती।

सुनीता सचमुच माफी माँगने वाली है या इसके मन में कुछ और है? भागुली सोचती, लेकिन कहती कुछ नहीं।

बस, अब सिर्फ एक दिन शेष था। सभी अपनी-अपनी तैयारियों में व्यस्त थे। रजनी भी सुनीता से मिल उसकी मनःस्थिति भाँपने का

प्रयास कर गई थी। लेकिन सुनीता के निर्विकार चेहरे को देख कुछ भी समझ न पाई।

अधिकांश लोग अगले दिन के मेले की तैयारी में व्यस्त थे। बच्चे मेले में जाने के लिए माता-पिता से अधिक-से-अधिक पैसा ऐंठने का प्रयास कर रहे थे तो महिलाएँ मेले में पहनने के लिए कपड़े-गहने तैयार कर रही थीं।

पहाड़ के ये मेले जहाँ मिलन के प्रतीक होते हैं, वहीं ये पहाड़ी संस्कृति की झलक भी दिखा जाते हैं। पूरे चेहरे को ढक लेनेवाली पहाड़ी नथ, गुलबंद पहने महिलाओं का सौंदर्य देखते ही बनता है।

इन्हीं मेलों में बहुओं को अपने मायकेवालों से मिलने का भी मौका मिलता है। मेले की समाप्ति पर माता-पिता, भाई-बहनों के गले मिल आँसू बहाती नवागंतुक बहुओं के दृश्य आम दिखाई देते।

सुनीता भी कल के लिए तैयारी कर रही थी। उसके ज़ीवऩ का महत्त्वपूर्ण दिन था। चूल्हा-चौका निबटाकर वह बिस्तर पर लेटी, लेकिन नींद आँखों से कोसों दूर थी। थोड़ी देर लेटती, पर बेचैन मन फिर से अशांत कर देता। कभी तेज कदमों से कमरे में टहलने लगती तो कभी बच्चों का सिर सहलाने उनके पास ही बैठ जाती।

गरम आँसू की एक बूँद सोनू के चेहरे पर गिरी तो उसने चौंक कर आँखे खोल दी।

'क्या हुआ माँ?'

'कुछ नहीं बेटा, तू सो जा।' आँसू पोंछती सुनीता उठ खड़ी हुई।

'क्या होगा, यदि वह कल कुलदीप उर्फ कुल्लू भाई से माफी माँग लेगी? क्या वीरू की आत्मा कभी उसे माफ कर पाएगी?

उसे लगा वीरू उसके सामने खड़ा है, सदा हँसते-मुसकराते

रहनेवाले वीरू के चेहरे पर आज दुःख की छाया दिख रही थी।

'क्यों कर रही हो सुनीता, ऐसा? मैंने तो इस बुराई से लड़ने में अपनी जान की परवाह भी न की और तुम इतनी जल्दी हार मान गईं।' गहरी निराशा थी वीरू के स्वर में।

सुनीता हड़बड़ाकर उठ खड़ी हुई। इधर-उधर देखा, वीरू कहीं न था। शायद दो पल को आँख लग गई थी उसकी। और उस बंद आँख में वीरू समा गया था।

उसे लगा, वीरू भी नहीं चाहता कि वह उसके हत्यारों से माफी माँगे। तो फिर क्या करे? क्या उसी तरह कुलदीप की जान ले ले, जैसे उसने वीरू की ली थी।

अगर वह सफल न हुई तो कुल्लू के साथी उसकी इस हिमाकत के लिए उसे जिंदा न छोड़ेंगे। और अगर सफल हो गई तो उसकी बाकी जिंदगी जेल की सलाखों के पीछे कटेगी। अगर ऐसा हुआ तो उसके बाद बच्चों का क्या होगा? कौन पालेगा उन्हें?

लेकिन वीरू के हत्यारों का तो कुछ न बिगड़ा था। आज तक खुले घूम रहे थे वे। कितना तड़पी थी वह उस समय, गवाही देने के लिए विनती की थी लोगों से, लेकिन किसी ने साथ न दिया। अगर कल उसे कुछ हो जाता है तो क्या उसे न्याय मिल पाएगा?

रात्रि का अँधेरा छँटने लगा था, दूर कहीं क्षितिज में सूर्य की लालिमा का आगाज हो रहा था। सुनीता उठ खड़ी हुई। नित्य की तरह सारे काम निबटाए। बच्चों को दादी के साथ मेले में भेजा। बच्चों ने उसके साथ ही जाने की जिद की तो उन्हें थोड़ी देर में वहीं पहुँच जाने को कह दिया।

सब जानते हुए भागुली देवी शांत थीं, लेकिन बहू के चेहरे पर

उतर आई अप्रत्याशित गंभीरता उसे बुरी तरह बेचैन किए थी। बच्चों को भेजने के बाद सुनीता भी तैयार हो गई। बारह बजे का समय निर्धारित हुआ था, सभी लोग तभी पहुँचने वाले थे।

बारह बज चुके थे। अपनी सफलता के मद में उतावला कुलदीप पहले ही पहुँच चुका था। धीरे-धीरे बाकी लोग भी पहुँचने लगे थे। थोड़ी ही देर में रजनी और सुनीता की अन्य सहेलियाँ भी पहुँच गईं।

पंचायत भवन के ही दूसरी ओर स्थित मैदान में मेले की धूम थी। यही समय था जब मेला अपने उफान पर था। तीन-चार बजे तक तो दूर-दराज गाँव के लोग लौटना भी आरंभ कर देते।

सभी लोग पंचायत भवन में बैठ चुके थे, लेकिन सुनीता अब तक न आई थी। बेचैनी में सुनीता की प्रतीक्षा करता कुलदीप बार-बार घड़ी की ओर देख रहा था। रजनी की साँसें भी थम-सी गई थीं।

साढ़े बारह हो चुके थे। कुलदीप गुस्से में बड़बड़ा रहा था। लेकिन मन-ही-मन आशंकित भी था।

'कहीं सुनीता ने इरादा तो नहीं बदल दिया!' रह-रहकर यही विचार सबके मन में आ रहा था।

'आ गई।' तभी दूसरी ओर से आवाज आई तो कुलदीप की निगाहें द्वार की ओर टिक गईं।

अब कुछ देर बाद सुनीता सबके सामने उससे माफी माँगेगी। इज्जत बढ़ जाएगी उसकी। कल से कोई हिम्मत नहीं कर पाएगा उसके विरुद्ध आवाज उठाने की। यही सब सोच उसका सीना गर्व से फूल उठा। चेहरे पर नई रंगत आ गई।

सुनीता अंदर आई तो साथ में रजनी और उसकी चारों सहेलियाँ भी आ गईं।

रजनी और सुनीता जहाँ आगे बढ़ गए बाकी चारों महिलाएँ दरवाजे पर ही खड़ी हो गईं।

'माफ करना, आप लोगों को प्रतीक्षा करनी पड़ी।' सुनीता ने संयत स्वर में देरी से आने के लिए क्षमा माँग ली।

'हमें विश्वास था, तुम जरूर आओगी।' कुलदीप और अधिक तनकर बैठ गया था।

रजनी का मन बल्लियों उछल रहा था। क्या फर्क पड़ता है, अगर उसे दिखावे के लिए कुलदीप से माफी माँगनी पड़ रही है। इस माफी के बाद मिलनेवाले सुख इस आंदोलन में होनेवाली सिर खपाई से कहीं अधिक थे।

'माफ करना, हमने तुम्हारे व्यवसाय को हानि पहुँचाई आंदोलन किया। लेकिन अब हम थक चुके हैं।' सुनीता ने धीर-गंभीर स्वर में अपनी बात आरंभ की।

'कोई बात नहीं, गलतफहमियाँ तो होती रहती हैं।' बस, अब आप क्षेत्र के इन गण्यमान्य लोगों के सामने भविष्य में ऐसा न करने का वचन दें तो ये लड़ाई आज यहीं पर खत्म हो जाएगी। इसके बाद से आप हमारे रास्ते में नहीं आएँगी।' कुलदीप के स्वर में अकड़ थी।

'नहीं, अब हम आपके रास्ते में कभी नहीं आएँगी। इसीलिए तो आज आई हैं' सुनीता ने एक-एक शब्द पर जोर डालते हुए कहा।

सुनीता की ये भाव-भंगिमा माफी माँगनेवाली तो कतई नहीं थी। उसके स्वर की कठोरता को उपस्थित सभी लोगों ने महसूस किया।

सुनीता आगे बढ़ी और कुलदीप के पास आ खड़ी हो गई। उसकी आँखे अंगारे उगल रही थीं। चेहरा देदीप्यमान था, मानो साक्षात् देवी शक्तिरूपा का अवतार रख धरती पर उतर आई हो।

कोई कुछ समझ पाता, इससे पहले ही सुनीता की चारों सहेलियों ने मुख्य द्वार बंद कर दिया। दो महिलाएँ वहीं पर खड़ी रहीं, जबकि बाकी दो सुनीता के पास आ गईं। सुनीता ने दोनों हाथ जोड़ दिए। उपस्थित लोगों के चेहरे पर निराशा छा गई। तो सुनीता ने माफी माँग ही ली। कुछ देर पहले सुनीता के रूप से भयभीत हुआ कुलदीप प्रसन्नचित्त हो उठा।

लेकिन अचानक ही 'जय देवी माँ' के उद्घोष के साथ सुनीता ने कमर में यत्न से छुपाई गई दराँती निकाल कुलदीप पर ताबड़-तोड़ प्रहार शुरू कर दिए।

अपनी सफलता के मद में चूर कुलदीप सँभल भी न पाया। सँभलने की कोशिश की तो सुनीता की सहेलियों ने उसे घेर लिया। सब कुछ इतना अप्रत्याशित था कि किसी की समझ में कुछ न आया। लोगों की साँसें जहाँ की तहाँ अटकी रह गईं।

सामने अविश्वसनीय दृश्य था। थोड़ी ही देर में कुलदीप का रक्त-रंजित शव पंचायत हॉल में पड़ा था।

बाहर मेले के शोर के कारण किसी को भी कुलदीप की चीख न सुनाई दी।

'जाओ बेटी, यहाँ से।' उपस्थित एक बुजुर्ग ने जैसे सुनीता को सोते से जगाया।

सामने कुलदीप की लाश पड़ी थी। रक्त-रंजित चेहरा, बीभत्स आँखें कुछ तो आश्चर्य और कुछ दर्द की असहनीयता से फैली पड़ी थीं। थोड़ी ही देर में इसमें मक्खियाँ भिनभिनाने लगीं। सुनीता हँस पड़ी और फिर रोने लगी।

'वीरू का बलिदान कैसे व्यर्थ होने देती मैं? कैसे उनके खुशहाल

गाँव के सपने को तोड़ देती?' सुनीता बुदबुदाई।

चारों सहेलियाँ सुनीता को अपने साथ ले गईं। इस घटना को देख रजनी तो न जाने कब वहाँ से भाग चुकी थी।

□

साँझ ढली, रात हो आई। गाँव में सन्नाटा पसरा था। एक और हत्या हुई थी आज, कल फिर पुलिस आएगी। फिर वही पूछताछ, क्या पता हत्यारा पकड़ा जाए? क्या पता वीरू के हत्यारे की तरह कभी पकड़ में ही न आए?

अगले ही दिन से पूछताछ आरंभ हुई। आस-पास के गाँवों के साथ-साथ सुनीता से भी पूछा गया।

इतिहास ने फिर एक बार अपने आपको दोहराया। इस बार भी कोई गवाह न मिला।

'हमें नहीं मालूम, हमने कुछ नहीं देखा।' पूर्व की तरह इस बार भी सबका यही जवाब था।

दूर कहीं एक दूसरे गाँव में एक वृद्ध महिला पानी की बालटी ले दीवारों का रंग धोने का प्रयास कर रही थी।

'खून लग गया है इन दीवारों पर।' वह महिला कभी रोती तो कभी हँसती। लोग कहते, वह पागल हो गई है। वह अभागी वृद्धा थी सुंदरा, जिसने एक बार फिर अपना बेटा खो दिया था।